1億3千万年前に地球にやってきた魂
Saarahatが明かす

「この世」の歩き方

著 サアラ

大和出版

はじめに
宇宙の進化した文明を知っている私だから言えること

最近、私は自分の変化がとても面白いと感じます。
皆さんはいかがでしょうか？

2017年、鮮烈に新しい時代を運ぶエネルギーが地球に流れ込んでから、すでに2年が経ちます。これまでの重たいエネルギーから、一気に軽やかでスピーディーなエネルギーに変化しました。

必然的に、皆さん一人ひとりも、もれなくこの影響を受けています。特に今年になって、生きるのが楽になった、自分に軸が出来てずいぶん不安が解消された、自己肯定できるようになった、などの意見を聞くことも多くなりました。

そのとおりです！ **新しい時代のエネルギーは、皆さんが何の努力をすることもな**

く、ちゃんと新しい時代を生きるにふさわしい状態に変化させてくれるのです。そこが何より素晴らしいと、私は感じています。

そして、今はすでに第5波くらいの強いエネルギーが地球に到達していますから、また今までとは違った変化が起き始めているのではないでしょうか？

「喜びに満ちた未来」の予兆

冒頭で自分の変化が面白いと書きましたが、最近よく涙が出ます。特に何をしたわけでもないのに、急に過去を思い出して泣いたり、何も思い出していないのに勝手に涙が出てきたりします。「過去」をすっかり洗い流しているような感じでもあり、自分自身の「心」をきれいに洗い流しているようでもあります。

そして、今まで喜々としてやってきたことを、味気ないことのように感じ、逆にあまり価値を感じていなかったようなことに対して興味が湧いてきます。それとともに、何だかじっとしていられない、ソワソワワクワクとした感じがあります。特別この先に素敵なチャンスがあるわけでもなく、何か良いことがあるとわかっているわけではないのに、明日にでも宝くじが当たることがわかっているかのように、嬉しくてたまらない感覚にとらわれたりします。

未来を確率的に当てることは出来ますが、それはあくまでもそうなる可能性が高いというだけのことです。つまり、実際に未来を決定できるのは自分自身しかありません。ですから、こんなふうに根拠なく喜びを感じるとき、私自身が、厳密に言えば、**私の霊的な意識である「スピリット」が、未来に何か喜びに満ちた選択をしようとしているの**だと、私は理解しています。

しかし、そこに行き着く道のりは、必ずしも平坦でないこともあります。それでも必ず未来のどこかに、今感じているこの素晴らしく楽しくて嬉しい感覚と、イコールで結ぶことができる現実を、私は選択しようとしているのです。だから、この感覚をとても大切にして日々を過ごしています。疑ったりする必要はありません。

周囲の人たちを見ていると、私のように楽天的で脳天気な生き方をしている人は非常に少ないことに驚きます。多くの人は、まるで自分から率先して不幸な道を選択し続けているようです。でも、考えてみると、**皆さんはこの世界に生れてきてから一度も「この世の歩き方」を教わっていない**という重大な事実に気づきます。

「あら、これは大変！　せっかく新しい時代になって、全員がもれなく豊かで幸せな人生を経験するチャンスが来ているのに、この状態のままでは、無理やり不幸を選択することになる」と思いました。

新しい時代のエネルギーの波は、私たちを「幸福」の方向に連れて行こうとしています。しかし、もし毎日のタスクに追われて疲れているために、嫌なイメージを持ったり、ネガティブな感情ばかりを経験したりしていると、それはまるで必死にその波に抵抗して、自ら「不幸」の方向へと向かっているようなものなのです。

「魚座時代」から「水瓶座時代」へ

新しい時代は「水瓶座時代」「解放の時代」とも言われています。星占いを信じる人も信じない人もいます。占星術と言われるものは、確かに当たらないことがありますから、信じられなくても当然です。なぜならこれもあくまでも確率的に未来を予測しているだけですから、決定できるのは占い師ではなくて、その人自身です。

しかし、魚座時代を振り返ると、皆さんはまんまとその時代のエネルギーに支配されてきたことがわかります。

「魚座時代」は「支配の時代」と言われ、水の性質を持っています。あの、３・１１のときの巨大な津波の威力を思い出してください。この力にはだれも抵抗することが出来ずに、何もかもを飲み込み、流していきました。

魚座時代はまさにこんなイメージです。巨大な組織が人々を飲み込み、人はその目的も、方向性もわからないままに、無抵抗に支配されます。金融の仕組みや、法律や、巨大な企業や、あるいは途轍《とてつ》もなく巨大な宗教組織にそれを見ることが出来るでしょう。

また、魚座時代には曖昧さや秘密がまかり通るので、魚座時代から水瓶座時代へと移行する時期には、今まで隠されてきたことが次々と明るみに出ます。

これだけを聞いても、「ほう、確かにそのとおりだった」と思っていただけるのではないでしょうか。そうだとすれば、「水瓶座時代」も同じように私たちはその時代のエネルギーに大きな影響を受けることが予想できるでしょう。

「水瓶座時代」は風の性質ですから、重たい水とは打って変わった性質となります。

水は必ず高いところから低いところへと流れますが、風はどこへでも流れていきます。それだけ自由な動きが出来るわけです。この時代は「解放の時代」、まさしく魚座時代の支配体制が崩壊し、**人々が自分を取り戻して、それぞれが自立し、自分自身の力や才能を生かして公平な社会を再構築します。**

そのモチベーションは自分を満足させるところになるでしょう。また、社会に完全性を求めるのもこの時代の特徴です。したがって、多くの人が魚座時代の苦い経験から学んだことを生かして、改革を起こすことになります。

ここまでの話だと、良いことづくしのように思えますが、もちろん厳しい面がないわけではありません。

自由が認められるということは、今までのように長いものに巻かれ、力の強い人たちに依存していれば、何とかなる時代ではありません。強烈に自立を促される一方、それぞれの個性がきちんと尊重されます。

ですから、自分のユニークな考えを生かして、素晴らしい活動をする人たちがどんどん輩出されるでしょう。しかし、一方で自己肯定感を持てない人たちや、自分を信じられない人たちは苦労することになります。ですが、この時代は画一的な価値観を押しつけられる時代でもないのです。今までの価値基準で自分はダメだと思ってきた人は、むしろ自信を回復するチャンスがたくさんあるはずです。

とにかく新しい時代は、楽しくて面白いチャンス満載の素敵な時代です。この時代に地球社会が大きく飛躍できたら、やがて宇宙人類や、それ以外の知的生命たちとも素晴らしい交流が出来ることでしょう。

真に豊かで幸福な人生を選択できる

私は生れたときに、地球とはかけ離れた別の宇宙文明に生きる自分の記憶を鮮明にもって生れてきました。

私が初めて地球に来たとき、地球外から乗り物に乗ってやって来ました。地球の今の暦で言うと、1億3千年万年前のことです。当然ここにはまだホモ・サピエンス・サピエンスという地球人類はいませんでした。

そのとき、この惑星の美しさと、可能性に魅了され、ここですでに文明を築こうとしていた存在たちに、今思えば、お節介な発言をたくさんしたのです。そして、だれからも聞き入れてもらえないばかりか、迫害を受け、心身ともに深い傷を負いました。それが私が何度も地球と関わってきた動機となったのです。

ですから、今までは何となくお客さん的な感覚があり、遠慮がちにこの世界に生きていた気がします。

しかし、これから先は、ようやく私の記憶が皆さんに役に立つときがきたと思うのと同時に、今まで押し殺してきた自分の記憶を全開にしていこうと決意することが出来ました。

正直なところ、この世界に受け入れられなくなることを怖れていたと思います。しかし、不思議なことに、私自身が何か特別なことをしたわけでもないのですが、ずっと頭の上にあった黒い雲が突然晴れたように、吹っ切れてしまいました。

私は、これから地球がたどろうとしている未来の可能性を、最大限に応援しようとしています。**客観的に見たこの惑星は、とてつもない可能性に満ちた、パラダイス**なのに、ここに生きる人々が不幸だなんて滑稽です。

本書は、新しい時代が与えてくれるチャンスを生かして、皆さんが豊かで幸福な人生を選択されることを願って書きました。

それにはちょっとしたコツがあります。ガイドブックもガイドもない旅は、ある種の冒険になるかもしれませんが、常に危険がつきものです。皆さんのこれまでの人生も同じだったのではないでしょうか。

もちろん人生はゲームですから、意図的に冒険に挑むことは大切です。しかし、無謀な冒険は命を落としかねません。

皆さんの人生の旅を、より安全で楽しいものにしていただくため、本書を「この世をどう旅すれば良いか」について書かれたガイドブックだと思って、楽しく読んでくだされば幸いです。

Saarahat

「この世」の歩き方　目次

2

エゴの都合で生きるか、スピリットの意志で生きるか

3

魂は、〝引き寄せ〟や〝奇蹟〟を望んではいない

4

私たちはタイムラインで未来をつくれる

5

今、この地球にいる魂に求められていること

構成　長谷川恵子
本文デザイン　齋藤知恵子（sacco）
イラスト　瀬川尚志
DTP　青木佐和子

1

人生は
〝魂のテーマ〟を探求していくゲーム

あなたの「運命」はあなたの魂が選択したこと

◇〝運の良し悪し〟は今回の人生だけではわからない◇

たとえば、電車に乗り遅れそうになったけれど、電車も少し遅れて到着したので、無事に乗れた。これは、そのときの自分にとってはラッキーと言えるでしょう。でも、長い目で見たときに本当にラッキーかというと、そうとは限りません。

逆に、電車が遅れたために第一志望の学校の入試に間に合わなかった、そういうこともあるかもしれません。そのときは「運が悪かった」と思うでしょうが、未来のことはわからないので、その学校に入ることが自分にとって本当にラッキーかどうかは、その時点では判断できません。

大学時代の尊敬する恩師の話で、強く印象に残っているものがあります。

彼は高校時代のボート部の仲間と一緒に東大を目指していましたが、彼だけが東大には合格できずに一ツ橋大に入りました。ところがその年の夏休み、東大ボート部の合宿で事故があり、仲間は全員亡くなってしまったのです。

彼は成績からいえば東大に受かって当然でした。それなのに自分だけが落ちたということで、強いショックを受け、失望感や、喪失感や、孤独感を感じていたそうです。ところが、東大に入れなかったゆえに自分だけが助かるという結果になりました。

彼はその事故がきっかけで、「自分の運命には自分でコントロールできない部分がある」ということと、「自分は何らかの理由で生きなければならないのだ」ということを強く感じて、そのことを探求するために仏教哲学を専攻しました。

この話を大学1年のときに聞いて、素晴らしい話だと思いました。人間は短絡的に物事を見て、思いどおりにならないと「アンラッキー」などと思いがちですが、長い目で見れば、そのことで救われたという場合も、また大きな気づきを得る場合もたくさんあります。

その恩師の場合は、入試から数か月後にそういう事故が起きたので、すぐに結論が出ましたが、今起きていることがどんな結果をもたらすか、確認する術もなく、それらしい結果が現実になかなか現われない場合もあります。それでも、今回の人生のどこかでなぜその選択をしたのか、なぜその経験が必要だったのかを理解することができればまだしも、今回の人生だけでは結論が出ないこともあります。一度死んで、次の人生で「あのときああならなくて良かったのだ」とわかるなど、魂の長いストーリーの中でしか結論が出ないこともあります。

実は、「ものすごくリッチな時間」

その出来事が良かったのか悪かったのか、そのときに確認するのは難しいし、人生ではあらゆることが起きます。でも、**本当はどんな人もみんな運が良い**のです。

「こんなに大変な人生なのに運が良いだなんて！」と思う人もいるでしょう。しかし、私たちがこの現実世界で**生きる目的は**「**魂を成長させること**」なのです。そのためには、もちろん嬉しいことも楽しいことも経験する必要があります。また反対に、悲しいこと、切ないこと、残念なことも経験する必要があり、両方を経験しないと心豊かに成長できません。

心はスポンジみたいなものだと思います。心が豊かでない人のスポンジはステンレスたわしのように固くて柔軟性がなく、他の人と触れ合うとお互いに傷がついてしまいます。豊かな心は海綿のようにソフトで、どんな隙間にもぎゅっと入れるような柔軟性、クッション性があって、触り心地がよいのです。

先日、占星学者のザビエ先生にお会いしたとき、心の成長についてとても素敵な表現をしてくれました。

「私たちは心をニッティング（編むという意味）しなければならない」

つまり、さまざまな経験を通して感じたことや思ったことを糸にして、縦横無尽にその糸を走らせて、柔軟性のある心を編んでいかなければならないと話してくれました。

２０１７年の９月に夫が亡くなって、10月の後半から11月の前半頃にザビエ先生と会ったとき、彼は前の年に夫のチャート（占星術で用いる出生時の天体図）を読んで、夫が亡くなるような兆候を読み取れる内容ではなかったので、非常にショックを受けていました。

しかし、木星が天秤座にあるときだけは、何か特別な作用が起きるらしく、予測出来ない人の死が起きるのだそうです。ちょうどザビエ先生のとても大切な友人も突然亡くなられて、とても強い衝撃を受けたそうです。

でも、そのときザビエ先生は、私にこんなふうに話してくれました。

「あなたは今とても悲しくて喪失感も強いでしょうけれど、人生の中で、そこまで強烈なインパクトのある感情を経験できることはなかなかありません。その意味では、あなたにとって、この経験は非常に重要ですね。すごくスペシャルで大切な時間を与えられましたね」

実際、夫の死はすごくショックで、両手両足をもがれたくらいの強烈な喪失感や孤独感がありました。そして日々物事の感じ方が変化します。

ある日は、夫が亡くなったのは彼にとって完璧だし、私がここに残されたのは、夫がいたら出来ないような何かに挑戦するためにだし、やはりすべてが完璧なのだと思うと、何だか不思議に満たされた気持ちになりました。

また、ある日は、夫に対してもっとしてあげられたのではないかと自分を責めて再び深い喪失感に襲われます。

そうかと思うと、今こんなふうに原稿を書いたり、さまざまなチャンスに恵まれているのは、アストラル界（生命が亡くなった後に行く世界）にいる夫のサポートのおかげだと思うととても幸せな気持ちになったりもします。今までよりずっと夫が近く感じられたり……本当にさまざまな思いが巡り、さまざまなことを感じるチャンスがありました。それは、ザビエ先生の言葉では「ものすごくリッチな時間」ということです。

こんなふうに言うと、人は変に思うのかもしれないけれど、まさに私は本当に豊かな時間を過ごしていると思います。こんなにも悲しく、泣いても泣いても泣いても涙があふれてくる、不思議とそれをすごく豊かだと感じたのです。

〝良いことばかりの人生〟で失ってしまうもの

私は大好きな夫さえいてくれれば幸せと感じるような脳天気な人でした。だから日常的にはうまくいかないことがあっても、彼がそばにいてくれればそれでいいなんて思えてしまうのです。

その私が夫を亡くして気づいたのは、**人生は良いことばかりだと心がカサカサになる、潤いがなくなる**のだということです。しかもそのことに自分でまったく気づいていませんでした。

切ないことや辛いことを感じる時間を自分に与えてあげることも大切だと思いました。その思いを経験しなければ気づけないことがたくさんあるからです。それらを避けようとするのではなく、「大切な人が現実世界からいなくなることがこんなにも悲しいんだ」と感じる自由を与えてあげることが、自分の成長のために心をニッティングする上で、大切だと思うのです。

私はこの思いを受け止めることで、とても重要なことに気づくことが出来ました。夫がいれば幸せだと思っていたのは**人間としての意識**（エゴ）で、**霊的な自己**（スピリット、魂）は幸せではなかったのです。

魂はもっとチャレンジしたいことがあったし、自由に自分自身を表現してほしかったのだと思います。

もちろん、悲しいことが少ない人生が良くないなどと言いません。魂の経験という意味では、本人がテーマを設定してそれに合わせて選んでいるので、過去にハードな人生を何回もやっていたら「たまには起伏の少ない一生を送ってみよう」というケースもあります。

それは、自分の過去の行いが返ってくる因果応報という意味ではありません。どんな人生を送るかは、「霊的な自己」、「魂」という言葉のほうがイメージしやすいかもしれませんから、ここではひとまず魂としておきます。つまり魂が自由に選択します。

皆さんが「**運命**」**とか**「**宿命**」**と思っているのは、自分自身の霊的な意志によって選択したこと**です。他の権威ある神のような存在が決めたわけでも、過去の清算のために強いられているわけでもありません。多くの人はそれを忘れてしまっているので、いやなことが続くとお祓いしたくなったり、厄除けしたくなったりするのです。

魂は「人生の計画」をどのように決めているのか

◇ 魂とは何か ◇

前述のように、どんな人生を送るかは、その人の魂が決めています。その魂とは一体どんなものなのでしょうか。

一般的には、魂は肉体の中にあるものというイメージが根強いようですが、魂とは私たちの体を取り巻いているエネルギーフィールドの皮膜なのです。

エネルギーフィールドの大きさは、普通の方で半径8メートルほど。その内部は、中心に近いほうから意識場、潜在意識場、超意識場という3つの層に分かれています。

意識場はいわゆるオーラと言われている部分です。主な働きは人間の大脳を機能さ

エネルギーフィールド３つの層

主に大脳の機能をコントロールしています。人間が人間として思考し、物事を判断し、意志決定して行動を起こし、それによって生じる現実的な出来事を経験し、それを記憶します。また、記憶を元にして物事について思考し、判断するというサイクルを続けています。大脳は「サバイバル脳」とも呼ばれ、より効率的に生命維持を計ろうとした経験があり、うまくいくと保証できることを繰り返し選択させようとします。

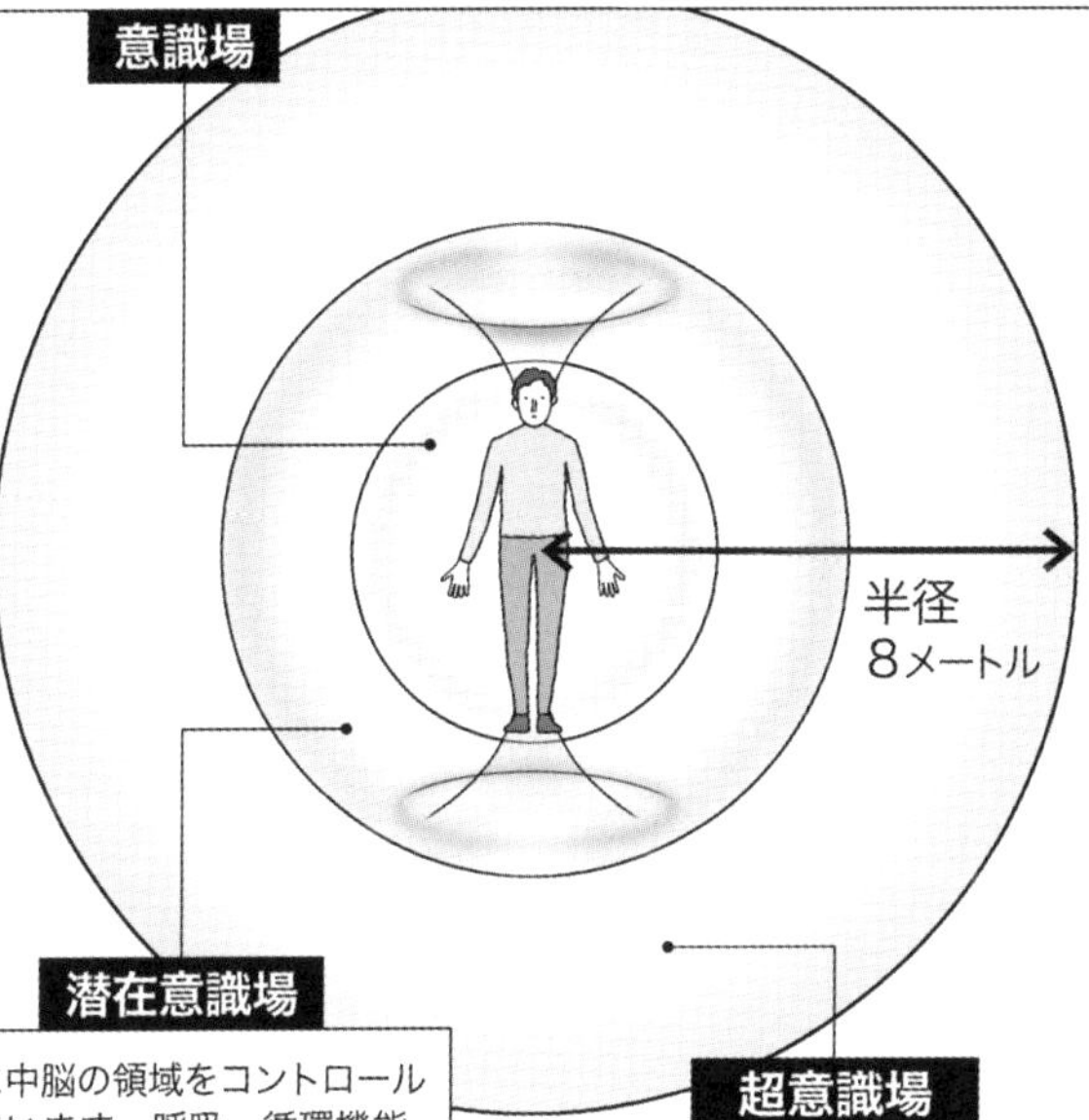

主に中脳の領域をコントロールしています。呼吸、循環機能、泌尿器系の機能、恒常性機能、内分泌系機能、アポトーシス等、人間が無意識に行う生命維持のための肉体的生理現象を促しています。また、感情の一部や、感覚、特に超感覚能力にも影響を与えています。

主に小脳をコントロールしています。人間が人間となる前の霊的存在としての視点を維持し、その立場から物事を観察し、個としての霊的成長を優先するように働きかけると同時に、その人生において魂の目的をまっとうできるように促します。

せることで、思考、記憶、認識、判断、決断、実行といった活動をコントロールしています。

潜在意識場はトーションフィールドとも呼ばれ、主に中脳、脳幹、間脳などを機能させます。私たちが意識しないところで働いている生命維持装置のようなものですが、この部分は感情の一部や直感、サイキックな感覚なども司っています。

超意識場は主に小脳をコントロールします。超意識場には個人レベルを超えた宇宙の膨大な情報が蓄えられていて、必要に応じて、霊的存在としての私たちに関する情報を小脳に送り込んでいます。

でも残念ながら、小脳に送られたスピリチュアルな情報を正確に認識できる人はあまりいません。その情報を大脳で頻繁にビジュアル化するとか、そういったことができるのはごく一部の人です。

理由のひとつとなるのは、現実的な思考にとらわれすぎていることです。もし、子供のように社会的な概念に縛られることなく、自由に感じて、自由に考えて、しかも心を発達させることが出来、主観と客観のバランスが取れたら、もっと多くの人がこの機能を使うことが出来るようになるでしょう。

現代社会は常に画一的な価値観によって人を評価しますから、自由を許してくれません。でも**自由がなければ、人の心は成長しません**。小脳から大脳までを一直線に繋ぐような使い方をするためには、**心の成長とともに得られる人格の調和**が必要です。「啓示を受けた」とか「メッセージを受けた」というのは、まさに小脳からの情報が大脳に入ってきたことを表わしています。

しかし、このような霊的な情報は、だれもが元々持っている情報です。なぜなら私たちの魂は宇宙の別の次元に存在するマスターソウルの一部であり、常にそこと情報をやりとりしながら、地球に生まれてきた目的を果たすために活動しているからです。

マスターソウルと魂はどう違うのか

魂とマスターソウルの関係について、もう少し詳しく説明しましょう。

私たちが人間としての死を迎えると、魂は肉体を離れて一度アストラル界に行きます。そこで個としての清算が終わると、別次元の還るべきところに還ります。その還るべきところがマスターソウルです。

個として分離していた魂がマスターソウルに帰還すると、マスターソウルそのものが自分だと認識できるように意識が拡大されます。そこで次の人生の計画を立て、再び生まれ変わる（転生する）ために、分離を起こして、個として宇宙のあちこちに散らばっていくのです。

宇宙には、さまざまなテーマを持ったさまざまなマスターソウルが無数に存在しています。

魂はマスターソウルの分身のようなものですが、肉体を持ってここにいるときも、決してマスターソウルから切り離されることはありません。

この世にいる私たちの魂は、いわばマスターソウルが伸ばした意識の触手のようなもので、主体は常にマスターソウルのほうなのです。地球人にとってそういう感覚を持つのはなかなか難しいと思いますが、宇宙人類にとってはこれが普通の感覚です。

では、マスターソウルは何のために魂という分身をつくったのでしょうか。魂は何のためにあの世とこの世を行き来しているのでしょうか。

そもそもマスターソウルを生み出したのは「空《くう》」です。空とは物理的には何も存在しないけれど、潜在的に無限の可能性を持った闇の広がりで、創造の源でもあります。

マスターソウルと魂

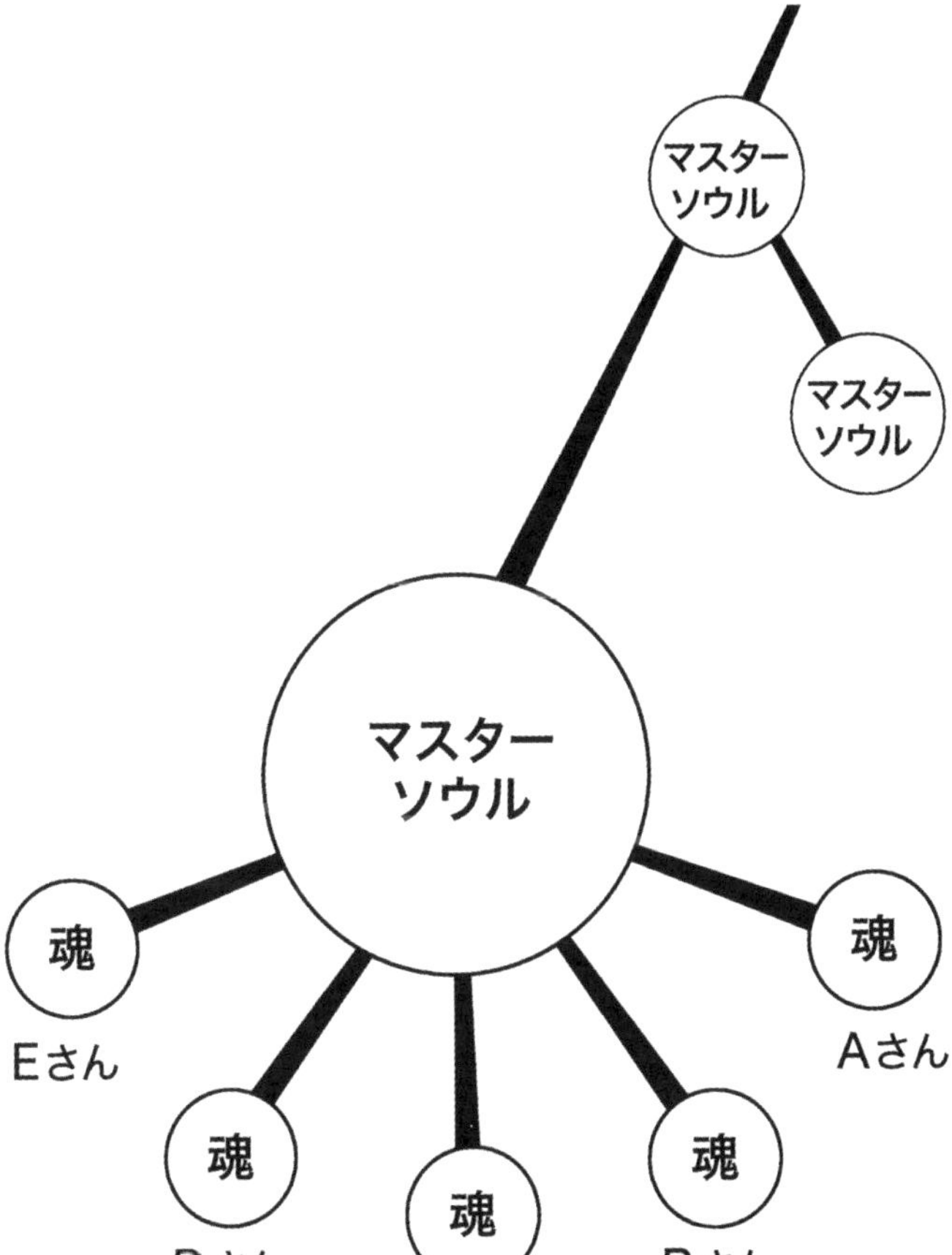

空は、空自身に潜在する可能性を知るために、一度にあらゆる可能性を顕現し探求しようとしています。空に潜在する可能性は無限にあるのですから、合理化を図るために、自らを分割してたくさんのマスターソウルをつくりました。

そのマスターソウルたちは、物理的次元、つまり現実世界で多様な可能性を探求するための手段として、自分の分身である個々の魂を生み出したわけです。

魂は、マスターソウルの中にある膨大な情報の中から、自分のテーマの探求に必要なものを選んでコピーし、自らの中に保存してこの世に生れてきます。

その情報は多岐にわたり、人格を決定づけるような性質や肉体的な性質などもあれば、人生の中で経験すべき現実を創造するための何通りもの可能性も、テンプレートとして入っています。そこには、だれと出会ってお互いにどんなことをシェアし、どんなことを学ぶかというような情報もあります。また、それまでの人生で経験したことや、そこで思考したこと、培った技能なども情報として記録されています。

そして、生れる前に立てた計画に従って人生経験を積んでいきます。それは、マスターソウルにおいて共有している情報を、より洗練されたものにするためです。「智恵」や「叡智」と呼ぶにふさわしいレベルまで洗練された情報は、そのままリアルタイムでマスターソウルに届き、オリジナルの情報も更新されていきます。

空の飽くなき探求心から生まれたマスターソウルの好奇心には、終わりがありません。ですから、私たちの魂の探求も永遠に続くのです。

あらゆる経験は「魂の成長」のチャンス

魂が人生の計画を立てるときには、**パーソナルなテーマ**と、**魂の集合体であるマスターソウルの持っている大きなテーマ**を併せて考えます。

個としてのテーマを決めるのはそれぞれの魂です。マスターソウルとの関わりで言えば、魂が人間の体を離れた状態では「マスターソウル全体が自分」という意識になるので、マスターソウル全体から見ても「個の部分ではこれをやろう」というふうに決めるわけです。会社の中でたとえると、社長と◎◎部の部長を兼任するような感じです。


たとえば「信頼関係」というテーマにチャレンジするには、必ず裏切ってくれる仲間が必要です。その仲間も同じマスターソウルから輩出されています。裏切る側、裏切られる側、あるいは傷ついたときに気づきになる何かをしかけてくれる仲間、そうした役割分担をみんなで相談して決めてくるような感じです。

でも、人間としての意識であるエゴに選択の自由がないわけではありません。魂は自分で選べるバリエーション豊かな可能性を用意してきます。私たちには悩む自由がありますす。自由な選択が出来ないなんて、生きている価値がないですよね。私たちは皆そうやって魂の計画を立てて生まれてきます。

ある魂のパーソナルなテーマが前述のように「信頼関係」を探求してみたいということだとすると、最初から信頼のある関係を築くことはできません。

もっとも信頼すべき父親や母親に裏切られるとか、過酷な経験をすることで、私たちがまるで地球社会に遠足にでも来たかのように物見遊山で終わることが出来ないようにします。

当然このような経験をすればそのことについて深く考えることが必然となります。こうして魂は私たちがそのテーマから逃れることが出来ない必然を与えてくれています。ですから、自分の心に傷があると感じているのであれば、どんな小さな傷でも無視してしまうことは意味がありません。魂が好奇心と使命感を持って掲げたテーマに取り組むためには、心の傷や劣等感は成長のチャンスととらえて、自分が幸せを感じたり、満足したり出来る方向へと向かわせることが必要です。

今回の人生で魂のテーマを完結させることが出来なくても当然です。魂は常に長期的な計画を立てます。

ですから、次の人生でも諦めずにチャレンジして、今度こそと思っては裏切られ、絶望するような経験を繰り返すと、当然人を信じることが出来なくなります。そして何もかもひとりでやろうとしますが、ひとりの力には限界がありますから、目的を達成できないとか、満足出来ない結果に終わるなど、だれも信頼しないで生きるということがどういうことなのかを充分に理解するまで経験をすることになります。

それらの経験をとおして、やがて「信頼できる仲間をつくることは不可欠だ」と気づくと、最終的に再び「信頼」することにチャレンジします。この段階では、裏切られることをまったく知らずにいたときとは大分違い、まず相手の気持ちや立場をちゃんと理解しようとするでしょう。

その後は自分が裏切るほうになったりもします。裏切る側と裏切られる側、双方をやることによって、「そもそも信頼とは何か」というところに行き着きます。

裏切らないことだけが信頼なのか、もしかしたら「裏切ってもいいぞ」と許せることが信頼なのかもしれないとか、深いところで理解し始めます。

実際に人生の経験のバリエーションは無限にあります。いろいろなパターンでいろいろなシチュエーションをセッティングして、いろいろなキャラクター設定ができます。

魂の目線から見ると、人生はまさにゲームです。信頼というテーマを掲げたのなら、信頼とは何かを探求していくゲームなのです。

マスターソウルの次なるテーマ

マスターソウルのテーマと魂のテーマ

ではパーソナルなテーマとは別の、マスターソウルが持つテーマとはどんなものでしょうか。

大概の場合は、社会的なテーマであることが多いです。たとえば「公平であること」。信頼などと違って、公平というのは個人で成立するものではありません。信頼は、どちらかというと自分自身の心の問題でもあるので、主観的な部分を含みます。しかし、公平は平等とは違います。そこが難しさですね。平等は皆同じであれば良いわけですが、公平はそれぞれの事情の違いによって何が満足なのかは皆違います。その中で全員が納得できる帰結点を見つけなければならないわけです。

たとえば、ここにリンゴが5つあって、人が6人いるとします。平等にするのであれば、リンゴを切り分ける必要があります。でももしかしたらリンゴが嫌いな人や、アレルギーがある人がいるかもしれません。リンゴをもらっても嬉しくない人がいるかもしれないわけです。

ですから、公平であるためには、皆が一人ひとりの違いを知ってそれぞれを認める必要があり、また全員が満足する方法を皆で考え、話し合う必要もあります。そのために全員にコミュニケーションと客観性が求められます。そういった意味で個人では成立しません。

そこに集う魂は、大きくは公平というテーマがあって、個人としては別々のテーマに取り組みます。「信頼とは」「成功とは」など、それぞれ違った側面からアプローチして、最終的に「公平」ということと関わっていくように、マスターソウルの掲げる大きなテーマに智恵を集めていきます。

マスターソウルのテーマが「公平」で、魂のテーマが「成功」だったら、自分だけ成功して孤独になってしまうとか、逆に周りの人たちが成功して自分だけ成功しないと何を感じるかとか、必ず両方の立場を経験します。魂は必ず「成功」と「失敗」両極を経験した上で、「それはどういうことなのだろう」とテーマを探求していくようになっているのです。

また、「そもそも何が成功なのか」ということについて追求するきっかけとなる経験をするかもしれません。たとえば自分の手柄を、友情を優先するために友人に譲る経験をしたりして、それで納得できるならそれも成功かもしれないし、非常に豊かなバリエーションで「何が成功なのか」にまつわる経験をします。

個人の魂は成功というテーマだけを見ているので、「公平」との結びつきを最初から意識することはありませんが、最終的には、「人間は公平であることによって初めて満足できるのだ」と思うかもしれないし、「それがひいては成功なのだ」と思うかもしれません。

今、地球世界に求められている〝智恵〟

前述のように、個々の魂があるテーマを深めると、マスターソウルでもデータが更新されていきます。

あるテーマを究極まで探求して、マスターソウルにとって「上がり」となるのはどんなパターンかというと、もっともシンプルな方程式のようなものが作れたときです。

たとえばアインシュタインが発表した特殊相対性理論の結論として $E = mc^2$ という式を発表したように、すべての営みの根底にある法則や規則性を見つけてシンプルに表現することが、私たちの目的です。

「こうなってこうなれば成功といえるだろう」とか、「こうなったら相対的ではなく絶対的な信頼だ」とか、そういう方程式を見つけたら次のテーマに行くというふうになります。

宇宙の基礎となる法則は科学ですから、基本的には数値化して表現されます。

ひとつのテーマが上がりになるまでにかかる時間は、地球的な概念で言えば長いのですが、そもそも時間は過去から未来へと一定方向に流れるものはではないので、実際には、同時多発的にいろいろなことが起きています。しかし地球にいる感覚でとらえると膨大な時間になるかもしれません。

魂が法則を見つければ見つけるほど、必然的に現実世界は進化していきます。

宇宙文明では、すでに膨大な経験からそういう公式をたくさん見つけてあるので、そこに生きる存在たちは、この地球の私たちが科学や数学の授業で教わる内容よりはるかに多くのことを、科学として初めから教育されます。その中には、地球上では科学とはかけ離れたカテゴリーも含まれます。たとえば、芸術や、心理学や、哲学などがそうです。

しかし、まだこの地球世界は多くの法則を見つけだすプロセスにありますから、ここでは、**だれかに教わったことをそのまま覚えるのではなく、自分の経験を通して智恵に変えていく**必要があります。

純粋な子供にとって、化学の実験室は、心躍るような好奇心を持たせてくれる遊び場のようなものです。地球世界は、まさにこのような実験室ということも出来ます。また私たちは、ちょっと怖い乗り物に乗ってみたり、お化け屋敷に入ってみたりすることで人生を楽しんでいます。地球は遊園地みたいな世界だということも出来るでしょう。

ですから眉間にしわを寄せてシリアスに生きても、何の意味もありません。

◇もし、成功することが目的だったとしたら……◇

成功がテーマだとして、社会的に成功すればそのテーマが達成されるのかというと、必ずしもそうではありません。つまり、「社会的には成功したけれど、魂的には納得出来ない」といった経験をたくさんするのです。私たちが行っているのは霊的な智恵を得るための探求だからです。

現実が思いどおりにいかない、実力は充分あるにもかかわらず結果が出ない、結果が出てもだれにも評価されない。そういう状況にある人は、そういうテーマに取り組む計画を持っている場合が多いでしょう。

何かが計画を邪魔しているとかではなく、成長していくために、自分自身の選択で壁にぶつかったり当たったりしているのです。妨害者が出てくるのもゲームの設定どおりです。最初から思いどおりにいってしまうとゲームはそこで終わってしまいます。魂は生涯をかけても探求しきれない壮大なテーマを設定しているはずなので、そうそう何もかもに満足することはありません。

海運王オナシスは遺書に、当時9歳の孫娘に、成人したときにすべてを相続する権利と同等に、すべてを破棄する権利を与えるとしました。彼には絶大なパワーと富がありましたが、そのためにだれも信用できなくなり、孤独な人生でした。孫に同じ思いをさせたくないという理由もあって、そういう遺書を書かれたそうです。

ちょっと前まではお金を持つということが成功でしたよね。一生生活に困らないような金額、たとえば5億円とかのお金を持ったらゲームオーバーみたいな感覚があったかもしれません。その人たちはそれ以上の成功を探求しなくなるでしょう。一方で、巨万の富を築き上げた人たちは、不思議とそれ以上のものを求めて投資します。

しかし、時代は今、魚座時代から水瓶座時代へとすでに移行しました。これから先は、さまざまな新しい考え方が登場するために混沌とします。

実際今まではない価値観の人が増え、若い人たちもたくさん所有することに関心がなくなってきています。

「ミニマリスト」などという言葉が登場して、極力物を持たないという主義の人たちが増えていく傾向が見られます。住むところも6畳のシンプルなワンルームマンションが流行ったりしています。

彼らにとっての成功は明らかに多くを所有することではありません。むしろ出来るだけ身軽にして「自由」を得ることのほうが成功なのかもしれません。

このように、ゲームが両極に向かっているのは面白い現象ですね。

◇「安全」が足りない◇

面白いのは、お金を持っている人も持っていない人も、まだ得られてないものがあるということ。それは「安全」です。そういう意味では両者が同じステージに立っています。

具体的に言えば、たとえば医療、食、住宅、教育、生活環境すべてが決して安全ではありません。もっと言ってしまえば、地球はまだ若いので、大きな変化を起こすときがあります。それは天変地異となって私たちを脅かすのですから、地球環境そのものが安全ではありません。

例を挙げると、世界中で大問題になりつつありますが、環境に良いとうたわれてきたメガソーラーパネルが乱立したおかげで、ここ数年で崩落や土石流などの災害も増えてきています。パネルを敷くときに地面をコンクリートで固めてしまい、U字溝もコンクリートで作るので水はけが悪くなり、地盤がゆるんで崩落を起こすのです。1か所作るとその周囲の相当広い範囲の自然環境が大きく変わってしまいます。

私は八ヶ岳のふもとで畑をやっていますが、近くにメガソーラーパネルが増えたために、昨年ゴルフ場の中で大きな崩落が起きました。それ以外にもちょこちょこ起きていることを地元の方からは聞きますが、一切ニュースに上がることはありません。

こうしたソーラーパネルは百害あって一利なしです。お金にもなりません。

でも、地方の大量に土地が余っている場所は過疎化していてそうした知識もないので、建設を受け入れてしまいます。メガソーラーパネルを推進しているのは、ほとんどが海外資本です。これが世界中に設置されたら地球は呼吸ができなくなります。

天王星の衝撃

2019年3月6日に天王星が牡羊座から牡牛座に移動しました。前回、天王星が牡羊座に移動したときは福島の原発事故がありました。

あのときには世界中がこの衝撃的な出来事に注目し、改めてエネルギーについて、「核」について考えるチャンスを与えられました。多くの人たちがこのままでは地球環境が破壊されてしまうという危機感を持ち、大きく生活環境を変えるようになったり、新たな活動を始める人も出てきたりした牡羊座の7年間だったのではないでしょうか。

天王星は、瞬間的な衝撃を与えて人々に大きな気づきを与えたり、意識改革を促す特徴があります。また、天王星の作用はだれにも予測できないという点においても非常に神秘的な天体です。

牡牛座は、「安全」「安定」「健康」「繁栄」「繁殖」などのテーマを探求していく星座なので、これから7年間は、何が自分たちにとっての「真の安全」なのか、「真の健康」なのか、また、「真の繁栄」なのかについて考えさせられるようになり、それにふさわしい活動を始める人たちも増えてくるでしょう。

さて、つい先日、日本時間で２０１９年4月16日に起きたノートルダム大聖堂の火災は、福島原発と同様に世界中の人々の意識を引きつける出来事でした。

私はこれは正に天王星のなせる技だと思わざるを得ませんでした。このときの占星学のチャートを立ててみると、人々の精神の依存を作り出す宗教に、天王星の鋭いメスが入ることを示すチャートとなっていました。

私たちの「真の安らぎ」は宗教によってもたらされるわけではありません。このように巨大な宗教組織を作り上げた魚座時代が終焉を迎えたことを今回の出来事が明確に知らしめてくれたようにも思えます。

しかし、一夜明けた翌日の午後には、すでに再建のための寄付金が7億ドル（約780億円）も集まっているというのですから、相変わらず目に見え、形のあるものに依存しようとする傾向が色濃くあることを感じさせられました。さらに考える材料を提供してくれますね。

世界中に食べられない人がどれだけいるかを考えると、教会の再建にそれだけのお金を投じることは、今優先すべきことなのでしょうか？

今回の出来事は、巨大宗教がどれだけの権力を握ってきたかを示す出来事でもあるように思います。このようにして、天王星は今後私たちが取り組むべき重要な課題を示してくれるのです。

天王星による大きな刺激を与える作用は、これで終わったとは限りません。今後も大きな出来事が起きて、世界を刺激することで、真の意味での繁栄、健康、安全などについて考え直し、取り組むチャンスを与えてくれるかもしれません。

お金があっても解決できないこと

そういう意味では、お金があっても解決できないようなことが非常に多く起きている状況です。メガソーラーの例のように、良かれと思って進めた開発が病気や災害を引き起こすような問題の原因は、金融の仕組みにあるとも言えるので、お金を持つ人の層が大きく変化するようなことでもなければ難しいですね。

今はＩＴ技術の革新などの影響で、今までとは違った層の人たちが巨額のお金を持てる時代になっています。そのような人たちが、歪んだ社会に気づいて世界中を巻き込んで、エネルギー問題に取り組むなどの運動が起きれば、それは非常に面白い話です。

しかし、人はお金の不思議な力によって、どうも目がくらんでしまう傾向があるように思います。

中途半端なお金があるだけなら、安全や健康においてお金のない人と同じステージに立つことになるかもしれません。

時々、医師である友人にセミナーの開催をお願いしています。友人は西洋医学の医師でもありますが、よほどのことがない限り新薬は使わず、漢方とサプリ、フラワーエッセンスなどを使って治療しています。

彼女が学会でデータを集めていると、お母さんの妊娠中や、幼児期に大量の抗生物質を使ったことによる自閉症が非常に多いといいます。抗生物質が腸内の多くの常在菌を死滅させてしまうことに原因があるのです。

また、1983年にHIVウイルスを特定し、その後2008年にノーベル生理学・医学賞を受賞された、ウイルス学者のリュック・モンタニエ博士は、信じられないほど多くの難病奇病と言われる原因不明の病気や、統合失調症などの難しい精神の病に至るまで、多くの病気の原因は腸内環境にあると述べています。

博士は実際に腸内環境を改善するために、抗生物質の投与によって一度腸内の細菌を除去した状態で、心身の健康に良い菌類をバランス良く持った便を移植することで、多くの病気を治してこられた経緯を元に、このような発言をしているのです。

水の研究が常識を覆す

しかし、このような事実があっても、現状のように、歪んだ資本主義経済の社会構造の中ではだれも何もできません。製薬会社が悪いのだと言っても、そこに勤める一人ひとりが悪いわけではないので、今まではどこからどのように手をつけたらいいかわからない状態でした。

しかし今、水に関わる新しい科学の分野が立ち上がり、そこでは多岐にわたる分野の科学者たちが協同研究をしています。科学が水の探求を進めると、私たちの常識がすべて覆されることになるでしょう。

水が情報を記憶することが出来ることは、すでに多くの科学者が知っています。しかし、それだけではなく**水はそれ自身が智恵を持ち、考え、判断して決定することが出来る**ことにさえ、科学者たちは気づき始めています。

今後は多くの科学者が水から学ぶことによって、私たちが信じてきたさまざまなことが幻想だったことにも気づきます。たとえば時間の概念もそうです。

時間は過去から未来へと一定の方向に流れているのではなく、すでにここに多くの可能性として存在します。それをつなぎ合わせて、いかにも時が流れているかのような体験をしているのは、私たちの意識がそこにある可能性を次々選択し続けているからです。このようなことを科学的に証明可能にしてくれるのが新たな分野の科学です。

宇宙万物の営みを根底から支えてきたのは水なのです。神、あるいは神々は多くのものを創造してきました。そのことは世界中の神話やリグ・ベーダや聖書などの教典の中にも書かれています。しかし、神が水を創造したとは書かれていません。**水は創造主である神によってつくられた被造物ではなく、神の意志そのもの**といっても良いでしょう。

そして新しいゲームが始まる

さて、このように科学が圧倒的に進化してゆくと、本来発達した社会であれば、すべての生命の安全が確保出来ているのが基本ですから、今後は安全を求めて新しいゲームが始まるでしょう。そのゲームはだれでも参加出来るゲームです。しかし、実際参加する人は固定概念によって縛られた不自由な心ではなく、自由なマインドを持つ人たちかもしれません。

食、健康、教育、交通、経済、エネルギー、自然環境などさまざまな分野において、生きるための安全が確保できるようになれば、ようやくニュートラルな立ち位置に立てたような感じです。

現代社会と比較するなら、おそらく、超古代エジプトのほうが安全だったのではないでしょうか。統治者たちは、少なからず民の安全を守るという明確なモチベーションがありましたから、発達した天文学としての占星学を使って、どれくらいのサイクルでナイル河の大規模な氾濫が起きるかを予測していました。そして灌漑用水を作ったり地形を整備したりして、安全を確保することに努めました。

そうした意味で現代社会とはかなり違いがあります。何が原因で今のようになってしまったのか、不思議に思う人が少ないこと自体が不思議ですね。

2

エゴの都合で生きるか、スピリットの意志で生きるか

あなたの魂の中にあるエゴとスピリット

◇ スピリットが決めてきた ◇

私たちの意識はグラデーションになっています。

社会意識を持って人として生きている部分、この意識を**エゴ**と言います。**霊的視点を持って、この地球社会の中で人間としての経験を促している霊的な意識の部分**を、**スピリット**と言います。

このスピリットという言葉以外にも、ハイヤーセルフとかハイヤーマインドとかインナーゴッドとかゴッドセルフとか、いろいろな言い方があります。

魂の中にはエゴとスピリットの両方が含まれています。厳密に言えば「魂が決めてきた」という言葉は間違っていて、「スピリットが決めてきた」と言うほうが正しいのです。そもそも魂はスピリットを宿す薄皮のようなもので、その中に意識の層があり、それぞれの層の中で、1冊の本のように情報がきちんと編集され、整理された状態で保存されています。ですから魂のことを「ブックオブライフ」とも言います。人生というゲームを行っている主体となるのは、この魂に宿るスピリットです。

皆さんも、ゲームをしていると、だんだん難易度の高いものをやりたくなりますよね。それと同じように、スピリットは生れてくる前に、より難しいゲームをやろうという意欲を持っています。でも生れてきてエゴを持ってしまうと、「あれ？　こんなはずではなかった」とその難しさに圧倒されます。

今はカメラの精度が上がってしまったので、よけいなものが写ると処理してしまいますが、昔はよくオーブが写真に写りました。オーブとは球状の魂です。大きく写ったものだとわかりやすいのですが、オーブには一つひとつ違った模様がついていて、それが曼陀羅のように美しく編集された状態の情報です。

意識の7つの階層それぞれの中にはテーマごとに必要な情報が入っていて、それが編集され、棲み分けされて、模様のようにオーブにおさまっています。魂もそうだし、

意識の7階層

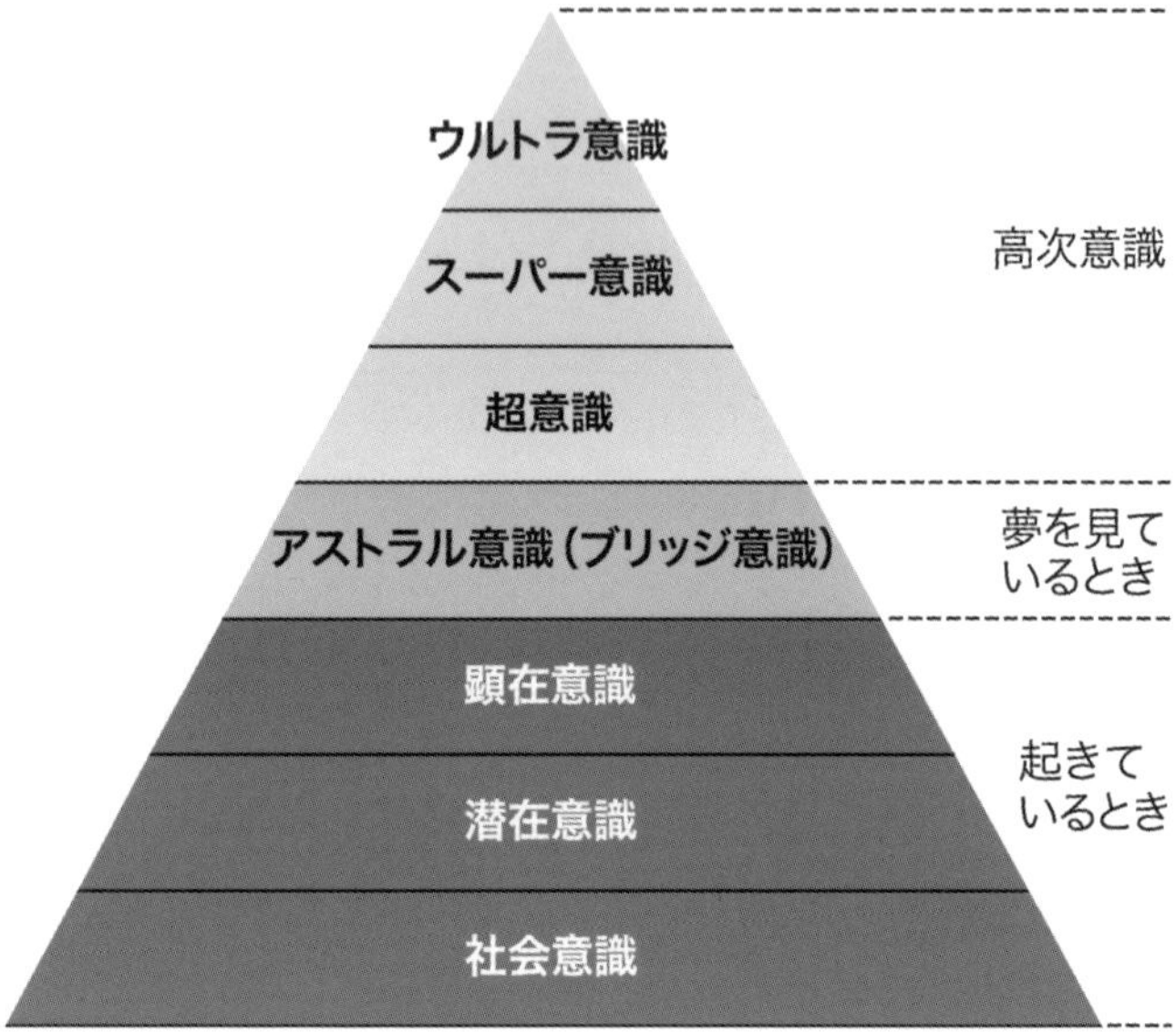
ウルトラ意識
スーパー意識
超意識
アストラル意識（ブリッジ意識）
顕在意識
潜在意識
社会意識
高次意識
夢を見ているとき
起きているとき

人間の体の中も同じです。体の中で役割分担をするかたちで臓器があり、細胞にも役割分担があります。小さな一部分をとっても、それが全体と同じ形を表わしているフラクタル構造になっているのです。

エゴとエゴイスティックは違う

エゴとは、一言で言えば人格です。社会的な価値観や概念を受け入れて、それを元に日々を営んでいる意識のことです。

エゴをエゴイスティックと混同する人が多く、「自分勝手」みたいな意味だと思われる方も多いようですが、本当はそうではありません。何かひとつの目的に向かって努力したり頑張ったりするのもエゴです。

だからエゴは自分勝手な意識という意味ではなく、**社会的な概念や価値観に基づいて思考したり行動を起こしたりする人間としての意識**の領域です。そこが発達してくると人は霊的な意識を認識出来るようになります。また、社会的な概念に振り回され、興味も喜びも感じない仕事に人生を費やして終わるようなことはなくなります。

もし「自分が喜びを感じることをするために人生を開拓しよう」となったら、その人のエゴとスピリットは接点を持った状態になります。

ただ、スピリットは叩かれても痛くないですが、エゴは叩かれたら痛いのです。成長してもそれは変わりません。

エゴがなければ喜びも悲しみも感じられません。あらゆることを経験して感じられるのはエゴなので、**エゴは心の発達のために非常に重要**な部分です。

エゴが成長すると物事を俯瞰して見られるようになります。成長して感性は鋭くなっているけれど、やわらかいスポンジのように、悲しいことも苦しいことも受容できる柔軟な心が育成されるからです。

◇ 霊的な視点を得ることを何が邪魔しているのか ◇

魂は人生に必ず悲しい場面や困難を配置します。それを受け入れられるかどうかがエゴの成長のバロメーターになりますが、受け入れて「豊かな時を過ごしている」と感じることができたら、そのときはもう霊的な視点を獲得しています。

ところが、それを社会的概念が阻害していることがあります。

私たちはこれが当り前と思わされてきた歪んだ社会意識から、実際には痛くもかゆくもないことのために悩んだりしています。

たとえば、年頃になっても結婚できないことに悩んでいる人は多くいます。しかし、結婚は必ずしも人を幸せにするものではありません。独身で自由に素晴らしい人生を生きている人もたくさんいます。また、子供が出来ないことで悩んでいる人もたくさんいます。「妊活」して身体を痛めつけてまで産もうとする人もいるくらいです。何かがおかしいと思いませんか？

「自分はこうあるべき」という観念から、**純粋な感情を抑え込んでしまう**ことがたくさんあります。本当は結婚を望んでいない、本当は子供は必要ないと思っているのに、社会から批難されることを怖れて、自分が望んでいるように錯覚してしまうのでしょう。

これらのことは、固く閉ざされた心を開いて、ニュートラルな位置から物事を俯瞰して見ることができれば、すぐに歪んだ社会の実像が見えてきます。そして、私たちがどこへ向かえば良いのかを示す霊的な視点にも気づくことができます。

私が最近問題だと思うのは、イクメンなどと言われるお父さんの中に、「自分の子は人よりも優秀だと認められなければならない、社会でひけを取らない子にしたい」と思ってしまう人が少なからずいることです。それで頭の良くなるサプリとやらが流行しているようです。

お父さんたちは社会の中でたくさん苦い経験をしていると思いますから、子供にそのような思いをさせないためにと思う気持ちはわかります。でも、「ちょっと考えてみて。あなたと同じ人生を歩ませるのですか？　あなたの会社の社長は幸せ？　出世したから幸せなわけではないでしょう？」と言いたくなります。

俯瞰して全体を見る心の余裕が失われてしまっているために、「子供が自由に自分らしく生きられる世界で幸せになってほしい」という当り前の気持ちを、どこかに置き去りにしてしまっているようです。

しかし、今、社会の価値観は大きく変わろうとしていますから、子供が自分と同じ時代を生きるのではないことをしっかりと意識しておく必要があるでしょう。

そして、子供達の魂にもそれぞれに違ったテーマがあり、テーマに即した人生を自由に選ぶ権利があるのです。

両親に限らず、すべての大人が、一人ひとりの子供に心を注ぎ、誠実に向き合う姿勢を取り戻すことは、今後の社会の発展と進化のためにもとても重要です。

子供には自分がした苦労をさせたくないと思うのは親心としてはわかりますが、だれの人生にも苦労は必要です。一生親が守ることもできません。どんな困難が来ても、挑戦できる自由な心と、自信を失わずに生きられるような強い心を育ててあげるほうが大切です。競争が出来て、勝ち抜ける子供には困難がないのかというと、そうではないのですから。

新しい時代にふさわしい教育の仕組みや方法を作ることはすべての大人の大きな課題です。

離婚の決断における〝エゴの迷い〟〝スピリットの示唆〟

「エゴ＝人格」と「スピリット」についてもう少し話してみたいと思います。

すでに書いているように私自身も離婚経験者ですが、個人セッションをしていたときも、多くの女性から離婚の相談を受けました。

夫からの身体的な暴力や、そこまでいかなくても言葉の暴力などで自分の尊厳が著しく汚されている状態で、子供にもそれが及んでいるとか、他の女性ができて出て行ったまま帰ってこないなどの状況で、離婚したい気持ちに迷いがなかったとしても、離婚できないと思い込み、諦めている人が多くいます。

その大半の理由は、経済力がないために現実的に生きられないことにあります。仕方なく悲劇的な結婚生活を続けている方たちにたくさん出会いました。私自身も、離婚するにあたって一番不安なところはそこだったと思います。

それでも、冷静に俯瞰してみると、だれもが夫に暴力を振るわれるような経験が出来るわけではありません。だれもが困難極まりない結婚を経験出来るわけではありません。その現実を与えているのは、結婚した相手ではなく、自分自身のスピリットなのです。

もちろん客観的に見れば夫婦というのはお互いさまで、どちらかだけが悪いということはありません。でも、そういう目に遭っている奥さんは、ご主人に対してひどく横暴なことをしてきたわけではありません。言葉の選び方がまずいとか、相手の感情を逆なでするような態度や発言をしているのかもしれませんが、大概の場合、通常の大人としての認識がある人なら耐えうる程度のことがきっかけとなっています。つまり暴力を振るわれても仕方がないと思えるような理由は、現実的には見つけられないでしょう。

ということは、**スピリットは結婚生活を続けたくない**わけです。離婚して新しい可能性の道を歩みなさいと言っているのです。

その際に大切なのは、自分自身の傷に目を向けることです。どんな夫婦も、**相手は自分では気づけない自分のディープな影を映し出してくれる鏡**です。相手に傷つけられているということは、自分自身が自分を傷つけてきたことに気づけないのかもしれません。

でも、人格の部分はそんなことは考えずに「離婚したらどうやってお金を稼いで子供たちを養育するのか、どうやって生きていくのか」に焦点を当てます。

エゴは未熟なうちは非常に短絡的で、現実的な観点でしかものを見ていないのですが、スピリットは生れてくる前からの計画をふまえて長期的に未来の可能性を見とおしています。「離婚したらお先真っ暗」ではなく、自由に魂のテーマに取り組めるような可能性が開けていくことを知っているので、スピリットは現実的な部分で夫の暴力やアルコール依存、浮気などの出来事を起こして奥さんに気づかせようとしているのです。

もちろん、**結婚したこと自体にも意味があります**。いったんは結婚してその人の遺伝子で子供を作るという計画があったのかもしれません。あるいは依存症というテーマについて取り組む必要があるのかもしれません。

必要な経験だった最初の結婚と離婚

私自身は離婚した最初の夫には感謝しかありません。こんなにいろいろな経験を16年間、集約してさせてくれる人は他にはいないのでしょう。魂の計画に即して必要な経験を与えてくれたと思います。

でも、もしあのとき離婚していなかったら、私はどこかで被害者意識を抱き、彼を憎み続けていたかもしれません。また、偽善者のように良い人を演じ続けながらも、歪んだ形で憎しみを表現していたかもしれません。考えただけでもゾッとします！

せっかくの私の人生が台なしになってしまいます。

だれにとっても、**自分で自分を幸せにすることが一番大きなわかりやすいテーマ**だと思います。偽善者や、まして被害者をやっていては幸せになれるわけがありません。

そうは言っても多くの場合エゴは迷います。どんな未来があるのかわからないからです。しかし、本当は、自分がイメージした未来はいくらでも作れるのです。望まないことをイメージしても仕方ないし、せっかく自由になるなら、「こんな可能性も、あんな可能性もある」とイメージしたほうがいいですよね。

ほとんどの人は、離婚したら経済的に破綻するとか、子供を手放さなければならなくなるかもしれないとか、シェルターに入ってそこから出られないとか、夫に見つかったらどうしようとか、暗いイメージを持ってしまうために、離婚に二の足を踏むことが多いわけです。

夫から「おまえなんか」と言われ続けて自信を失っているのと、もともとそういう夫を引き寄せる人は、子供のときから親にも否定的なことを言われて育っている場合も多いので、離婚して自分でやっていけるとはなかなか思えないのです。

でも、**人の可能性には制限がありません。**精神的にボコボコにされて自己肯定感を持てない人でも、変われるチャンスはいくらでもあります。その新しい可能性をイメージするお手伝いをするのが私の役割かもしれません。

社会意識は欠けていたほうが幸せなこともある

私自身は、子供の頃からすごくほめられて育ったたわけでもなく、すごく否定されたわけでもありません。20歳で私を生んだ母は当時一番遊びたい盛りで、ネグレクトまではいかないまでも、都合のいいときだけ子供を可愛がる感じで、あとはお手伝いさんまかせでした。

小学生の頃、たまに家を閉め出されたこともありました。そのときの母の心理はよくわかりませんが、鍵を閉めて妹たちをつれて出かけてしまい、夜の8時まで戻らないということもありました。

その事実は記憶としては残っているのですが、それで傷ついたという感覚はありませんでした。今でもそのことを覚えている理由は、その話をしたことで、聞いた相手がショックを受けたからです。そんなに人にショックを与えるようなことだったとは驚きでした。

もちろん、母が帰ってこなくて家に入れず、「お腹は空くし、寒いし、どうしよう」と思って少し不安な気持ちにはなりました。そのうち「そうだ、雨戸を外すという手があるな」と思いつき、家に入れたときは「私、すごいじゃない」と自分で自分をほめたりしました。そして、とりあえず冷蔵庫にあるもので、慣れないながらも夕飯を作り、お腹を満たしたのです。

その一つひとつが、「とりあえず自分は何かできた」という自己肯定感＝自信に繋がっているかもしれません。ですから、ちょっとした自慢くらいのつもりで人に話すのですが、常に論点が変わってしまい、驚愕されて、こちらが驚きます。

幼少期の私は、はっきりと物を見ることができなかったので、社会意識の発達が非常に遅れていたと思います。ですから「母親はこうあるべき」という社会概念がなかったために、ネガティブにとらえていませんでした。

通常、4歳以降は急速に社会意識に目覚めていき、10歳を過ぎればもう立派に社会意識があるので、「親のくせに子供を放っておくなんて」とジャッジしたり、「私は愛されていないんじゃないか」と不安になったり悲しんだりします。このような経験が自己肯定感を低くする原因となっているかもしれません。

また、私は生れたときから、通常皆さんが見ることがない存在やエネルギーのうねりや流れなどが見えていました。そして地球に生れてくる以前の仲間たちと多くの時間を過ごしていたので、正直なところ、現実世界の人たちにはかまわれるのが好きではなく、むしろ放っておいてほしいと思っていました。

だから、社会的には親はこうあるべきというような、優等生的な母親を求めていませんでした。そして、放っておかれても幸せでした。

社会意識による概念によって、自分を不幸だと思い込んでいることもあるかもしれません。また概念によって自己否定をし続けているケースも多いと思います。

◇ 大切なのは自分がどうありたいか ◇

もちろん社会意識を持つのが悪いわけではありません。むしろきちんと身につける必要があります。常識や良識がないために、コンプレックスになっていて、自己肯定できないという場合も多いのではないでしょうか。社会で生きていく以上、社会システムの枠組みの中で生きなければならないのですから、他の人たちとの円満な関係をつくるためにも必要です。

ただし、社会意識はルールとは違いますから、絶対に守らなければならないものではありません。むしろ臨機応変にその場に応じて柔軟に取り入れる必要があります。しかし、実際には、社会意識を人や物事をジャッジするためのメジャーのようにしてしまっている場面によく遭遇します。

柔軟な判断には発達した心が必要ですから、幼少期の過ごし方はもちろん大切です。ただ、幼少期にとても厳しい親に育てられたとしても、放置されていたにしても、**両親を選んだのは自分自身のスピリット**ですから、何か理由があって、その両親である必要があったわけです。そのような見方をすると、重要な気づきに繋がるでしょう。

どんな育ち方をしたとしても、「今」が最も重要で、最大のチャンスのときです。いつからでも気づきさえすれば心を育成することは出来るのですから。そして、いつからでもたくさんの可能性を広げていくことは出来るのです。

大切なのは、自分がどうありたいか、自分が自分に何を望むのかということです。

みんな評価の呪いにかかっている

◇ 他人と比べて落ち込んだり、優越感を持ったり ◇

この社会は評価社会です。そして多くの場合相対的な評価をするので、競争社会ともなっています。このような社会の中で評価を得るために翻弄されて、皆疲弊しているように見えます。これでは魂の目的はなかなか果たせないでしょう。

社会的概念や価値観をもとにした基準で自分や他人をジャッジするような思考習慣があるために、頭の中では常に、自分もしくは他のだれかを否定している状態が続くのですから、前向きな思考とは言えません。これでは豊かな感情を育むチャンスがなくなってしまいます。

自分と他の人は、生まれ育った環境も経験もキャリアも違うのに、画一的な価値観のもとで比較して落ち込んだり、逆に優越感を持ったりします。こうしてだれかと常に競争しているような状態でもありますから、脳は常に興奮状態で、リラックス出来ていません。

このような状態では、当然質の良い睡眠を取ることもできなくなって、回復力は低下し、免疫機能も衰えてしまいます。つまり、つまらない評価が、心身の健康さえむしばんでいます。

長いこと個人セッションをしていて、クライアントの悩みを聞いていると、**本当は自分が望んでいるわけではないことを求めている**人が非常に多いことに気づきました。勉強には興味がないのに大学に進学したいと言っていたり、まだ結婚なんてぴんとこないと言いながら、結婚したいと言ったり、子育ては面倒だしまだしたいことがあると言っているのに妊活していたり……。

これらは、育ってきた過程での両親からの影響も、学校教育や地域性の影響もあるでしょう。「人より早く出来ないと世の中で通用しない」とか「そんな大学に行ってもだれも認めてくれない」「○○ちゃんはこんなに上手なのにあなたときたら……」

などと常に聞かされて育つと、それが真実でないとはっきり知ることが出来るような、現実的な経験か、もしくは強い信念を持って自分の夢を貫くタイプのいずれかでなければ、自由な選択をすることが難しくなります。

「自由な選択」とは、自分の純粋な夢や希望を自由に掲げて、それを目標にして生きるということです。

しかし、このような環境を選んで生れてきたのも、霊的な視点で見れば自分自身です。人生のゲームを面白くするために必要だったのでしょう。つまり、社会的概念からくる評価の呪いに苦しんでいるとか、「自分の人生は本当にこれで良いのか？」と悩んでいるとしたら、これから人生の大どんでん返しが起きるかもしれません。

もし自分をだれかと比較して、劣等感を持ったり、悔しがったり、嫉妬したりしているとしたら、本当に自分がその人のような人生を生きたいのか、改めて考えてみてください。

オリンピックの金メダリストは素晴らしく輝いていて魅力的です。皆の憧れでもあります。しかし、すべての人のスピリットが金メダリストを目指しているわけではありません。

皆それぞれに違った目標を掲げて、それぞれのドラマを展開するために生きているのですから、**自分自身が純粋に望むことを見つける**必要があります。

だれからも評価されなくても、自分が満足することの大切さに気づくことが大切です。逆に、みんなが評価してくれても自分が満足しなかったらあまり価値がないということ、自分を満たしてあげることの大切さを知ると、人生は大きく変化し、生きることが本当に楽しくなります。

大切なのは自分の軸を持つこと

社会全体が評価社会ですから、人はそこに投げ込まれて他者や社会からの評価にさらされると、そこに翻弄されて自分を見失ってしまう傾向があります。

このような評価社会、競争社会に巻き込まれないためには、まず自分の軸をしっかり持つことが大切です。

軸となるのは、自分はこういう人間なのだと明確に言えるようなアイデンティティーと、目指している明確な目標を結ぶ直線をイメージするとわかりやすいのではないでしょうか。

このような軸があると、自分の人生にとって何が優先するべき大事なことなのかを考えることができます。ですから、社会が押しつける価値観やプライオリティーにのまれてしまうことが少なくなります。それでももちろん時として社会に合わせる必要があるときもありますが、周囲との調和のために合わせたとしても、自分の意志を持って合わせているので、すぐに軌道修正することができます。

このように自分の軸をしっかり持つことは、これからは特に重要になります。今までは長いものに巻かれていれば何とかなる社会でした。でも、これからは個々人がグループの中で、**自分の力を公平にシェアすることが重要視される**社会になっていきます。ですから、**自分は何者で何を目指しているのか**という軸があると、自分を他者に紹介して、互いの良いところを調和したかたちで生かし合う関係がつくれます。

特に日本では、ある意味自分を主張するような教育をまったくしてこなかったので、この点は大きな課題となります。

今までの日本の国力の基礎となってきたのは、自動車産業や家電製品の産業などです。この産業を成り立たせるために、大勢の人が黙ってラインに並び、もくもくと作業してきました。これは一見簡単そうで実は非常に難しいことです。**毎日同じ作業を何時間も繰り返すことで、本来人が持っている好奇心や創造性や探究心は強烈に阻害されます。**

このような作業を人が行うためには、それに適った特殊な教育が必要だったわけです。その結果学校社会に適応することが出来た人たちは、「自由な意志や意見を持たず、黙って指示に従い、迅速に繰り返し作業を行える」力をちゃんと養われました。ちなみに私はまったくの不適合者で不登校でした。

しかし、時代は移り変わって、これから日本を支えるのはライン産業ではなくなってしまったのです。まして、多くの労働をＡＩが担うことになると、人に求められることは当然変化します。

このような状況に不安を感じている人も多くいるようですが、今起きていることは悪いことではありませんね。むしろ本来の人の持つ力を発揮できるような社会へと変化してゆく可能性が見えてきているわけですから、とても良い方向へと変化し始めています。

ただ、だれでも慣れていないことや知らないことには不安を感じるものです。私はついて行かれるのか？　この先、職をＡＩに奪われたらどうやって生きてゆけば良いのか？　……といった不安の声はよく聞きます。

このような時代の端境期《はざかい》だからこそ、やはり自分自身の軸が自分の支えとなってくれます。いつの時代にもチャンスは人間関係がもたらします。ですから、自分を明確に表現できることが重要なのです。そこに評価は関係ありません。ただ自分らしい自分を素直に表現できることが重要です。

ですから、まず皆さんは「自分を知ること」から始めなければならないでしょう。日々自分を観察して、正直な思いや考えを見つけることが大切です。

私のスクールの授業ではよく自己紹介をしてもらいます。自己紹介をワークととらえて、自分の良い面を紹介してもらいます。面白いことに、この自己紹介をすると、みんなの顔が変わります。目がきらきらして肌がピンク色に輝いてくるのです。

◇裁いて終わりではなく、未来に繋げていこう◇

現代社会の価値観や、それに基づく評価は本当に問題が大きいと言えます。霊的な意味では何事にも評価する必要はないのですが、だからと言って、この地球で一切の評価を除いてしまうと社会が成立しなくなるので、評価してはいけないとは思いません。

ただ、中立な視点で正しく見て正しく評価することが大切です。**裁くという意味の評価と、現状を認識するという評価**は違います。

より良質なものとか、みんなにとってより心地良いものとか、そういうものを求め続けていくことは、社会の進化の過程では必須のことです。そのときの正確な評価は必要です。しかし、今までの社会の評価は、「裁く」という概念が入っているのが問題です。何か問題が起きると、よく聞かれるのは「だれがやったのか」という言葉です。そのときの状況を詳しく聞いて、みんなで解決策を考えるためよりも、犯人捜しの意味合いが強い印象を受けます。

犯人を捜してその人を裁いても、問題の解決にはなりません。それよりも問題の原因を深く追求することや、解決するための創造的なアイディアにはなかなか意識が向かないのは、評価社会の弱点です。

「今出来ていないから、明日は出来るようにしよう」と考えるのではなく、「出来てないから良くない」とか「ダメだ」と裁くことによって、怒りや、悲しみ、失望感などのネガティブな感情が入り込んでくることになります。しかし、本来の評価というものは、感情的な主観ではなく、**客観的に正確に評価することによって、未来の希望や可能性に繋げていく**ためにあるものです。

今、ネット上のさまざまなレビューや掲示板の書き込みなどは誹謗中傷に満ちていますが、正しく評価していれば、けなすとか、なじるというかたちにはなりません。評価で人を傷つけたり自分を傷つけたりすることは、本来の目的からは大きく外れています。

他人を裁くのは論外としても、えてして自分自身を裁いている人が多いのも事実です。そのために人は必要以上に多くの劣等感を抱えています。だれにとっても劣等感は苦しいものですから、そこに触れられまいとして人を無視したり、攻撃的になったりすることはよくあります。結果として人を傷つけることもあります。

エゴの願望をかなえても魂は退屈

◇「思いどおりにならない」がゲームの醍醐味◇

世の中で流行っている引き寄せは、より多くのお金や成功や理想の異性などを求め、望んだことがそのままやってくるようなもので、それはエゴに立脚した引き寄せになります。

多くの人が「引き寄せ術」に夢を抱いて熱心に取り組んだ時代があったと思います。しかし、大多数は失敗に終わったり、近いものは手に入ったとしても、それそのものではないという結果だったりしたのではないでしょうか。もちろん中にはうまく現実化した人もいるかもしれません。

しかし、霊的視点で見ると、この世界はプロセスを経験することで成長を促すためにあるわけですから、もし**魔法のように何でも手に入れることが出来たら、人は成長出来るのでしょうか**。そして、すべての営みを支えている規則性、法則性を見つけ出すまでの道のりにあるたくさんの感動的な驚きや、人々と助け合う素晴らしさを味わうことが出来るのでしょうか。

もちろん、意識と現実世界の相関性を知った上で、自分の意識を思いどおりにコントロール出来る状態で何らかの役割を持ってここに生れてきた人もいるでしょう。

実際私は今までに何人かのそうした人たちに出会い、導かれ、また助けられてもきました。そのうちのほとんどの人は人里離れた世界に住んでいました。電気も水道もガスも通っていないところに住んでいるにもかかわらず、私にメールが送られてきました。彼らは24時間私を観察し続けていました。ですから、いつ私が何をしたか、それによって何が起きたかを私よりよく知っていました。

このくらいのレベルになれば何でもできるでしょう。彼らはすべての人々の病気や怪我を治すようなことはしません。すべての貧困な人たちに食料を与えることもしません。

なぜなら、それはせっかくその人が楽しもうとしているゲームのコントローラーを取り上げてゲームをゴールさせてしまうようなことだからです。

それぞれが**生れてきた環境は、それぞれの魂の計画に必要**な環境なのです。

自分が望む現実を手に入れるために、現実的な取り組みをすることで、あらゆる関係性をつくることが大切です。人間関係も、何かのプロジェクトや研究などとの関わりも、ビジネスとの関わりも、何であってもこの世界の何かと関わることで皆さんは、自分の力を発揮するための生命力がより強められていく仕組みになっています。ですから、家に籠もってひとりで魔法の練習をしても生れてきた意味がありません。

エゴの願望を次々とかなえても、魂としては退屈です。それでは成長のストーリーを描くゲームにならないからです。

ゲームでは常に「思いどおりにならない」というフラストレーションを抱えることによって、先に進むモチベーションが出来るのです。

結局、すべてはスピリットの思いどおり

「**人生にはエゴの思う以上の引き寄せが起きる**」と、私はいつも思っています。

たとえば、何か困難なことに直面したとき、その困難を突破するために難しい挑戦をせざるをえないようなことが、皆さんにもあるのではないでしょうか。

自分では奇蹟でも起きなければとても成功するとは思えないし、失敗したら周囲の人たちにも迷惑がかかるし、自分も屈辱感を味わうことになると、通常なら逃げますよね。でもやらずにいられないシチュエーションがそろってしまうと、他に道がないので挑戦するしかなくなります。そうなったときにまさに奇蹟が起き、素晴らしい結果が出たりします。

私は今までの人生を振り返ると、そうやって生きてきたような感じです。いつも、追いつめられて仕方がないからやるみたいな感じです。

たとえば最初の夫との離婚のときも、ほぼ無一文からスタートしましたが、魂にせまられてやるしかないという状態でした。前著でも書いたように、「今こそ離婚しなければすぐに死んで生まれ直してくれ」という魂の声が突然聞こえ、心臓が苦しくなり、一晩に二度も臨死状態となって救急車で病院に運ばれました。

次の夫に対しては、「もしこの人がいなくなったら私は生きていられないだろう」と、そんなことを想像するだけでも気絶しそうに辛くなる私でした。

それなのに亡くなる2週間前ぐらいには「生きていてほしい」という思いをどこかで諦め始めたのです。病院の集中治療室で麻酔で眠っている夫の耳元で「こんな苦しい思いをしているあなたをもう引き留められない、逝っていいよ、私はどうせ何とかなるよ」と言っている自分がいました。

そして夫が亡くなってしばらくすると、「彼が生きていたら絶対にできないことが何かあったような気がする」という思いも湧いてきました。この思いは今私が生きている上でとても大きな力となっています。

物理的な世界に肉体を持って存在すると、同時に違ったところでたくさんのことを行ったり、未来を訪れたりすることが出来ないのは当然ですが、その上、生きていくためにお金が必要であったり、たくさんの不自由な制限があります。

夫は常々このような現実的な制限を何とか突破しようとあがいていました。ですから、スピリットに戻った彼は、このような制限がないアストラル界から、今は私の活動を援助してくれています。一方、私は自分がここに存在しなければ出来ないことがあると強く思っている反面、夫と同様に物理的な制限や、社会的概念によって受ける制限にストレスを感じます。でも、彼がアストラル界にいることで、それらの制限を突破する勇気が出てきました。

夫は私に物理的には何も残していかなかったけれど、膨大な後片づけと、そしてもうひとつ「膨大な可能性」を遺産として残してくれたのだと強く感じています。

彼の生死を私が決めることなど出来ません。しかし、この現実は明らかに夫と私の**スピリットが決めた完璧なシナリオ**だったと確信しています。私も彼も、この困難を引き受けたことで、多くの気づきと智恵を得たのだと思います。それは言葉で表現する必要などないように思うのです。なぜならその力は、私自身を支える力となって、今後の私の活動に反映されるはずですから。


皆さんの人生にも逃れられない困難を引き受けることがあるでしょう。そのような困難は、エゴが自発的に選択することなど決してないでしょう。でも、皆さんのスピリットの勇気ある選択なのです。

人に怖れがなくなることなどありませんが、それでも、あらゆることを受け入れられる力を持っています。ですから、**自然体で生きていけば、すべては魂の計画どおり、万事うまくいく**ということです。

スピリットが望むことは必ずうまくいく

スピリットの道を選ぶ覚悟

人生には大きく二つの選択があるように思います。ひとつはエゴの思いに従って、迷いながら、悩みを抱えながらも、最大限の努力と頑張りで突っ走る人生です。もうひとつは、エゴの主張を脇に置いて、スピリットが創り出す自然な流れに身を任せる生き方です。

どちらにしても困難はつきものです。そして、この二つの選択は、いつでも出来るわけではなく、選択のチャンスが巡ってきたときに決めなくてはなりません。スピリチュアルなことに対して好奇心を持っていて、向上心がある人だったら、当然スピリットの示す道を生きたいと思うでしょう。しかし、この選択は意外と難しいのです。

なぜならスピリットの道を選ぶためには、**過去のすべてを清算する必要**があるからです。簡単に言えば何もかも失う覚悟が必要だということです。

私の経験を例に挙げると、最初の離婚をした頃は、まだ「現実に起きるすべてのことは霊的に見れば完璧である」などということを感じられる段階になっていなかったし、自分が信じていることさえ正しいのかどうか確信が持てませんでした。

それでも、このまま結婚生活を続けることに対して、魂が悲痛な叫びを上げていると感じたことは確かです。しかし、現実的に考えると未来は何ひとつ見えてきません。生活の糧となるスキルも仕事もなく子供を抱えてどうやって生きていくのかまったくわかりませんでした。ですから、当時の私にとって、離婚することは命綱のないバンジージャンプのようなものです。

しかし、離婚を決意する2か月ぐらい前から、地球ではアーサー王伝説に登場する「魔法使いマーリン」と呼ばれる、宇宙の数学者ドクター・マーリンに毎朝4時20分に起こされて、約2か月間の授業を受けました。最終的には誘導瞑想によるセッションのやり方を教わりました。

しかし、今から20年以上も前のことですから、そんなことで生活が成り立つなどとまったく考えられませんでした。

それでも、人は必ずいつかは死ぬのだから、挑戦しないで死ぬくらいなら挑戦して死んだほうがどれだけいいかと考えるようになりました。もしこのままここで甘んじて生きるとすれば、私は一生後悔することだけは確かでした。

そこで私が決意したのは、離婚ではなく、エゴの都合で生きるのではなく、スピリットの望む道に従う生き方をすることです。

決意した途端に現実は待ったなしで動き始めました。本当に奇蹟のような展開でした。しかし、それまで積み上げてきたものはすべて捨てなければなりませんでした。物理的な物も、人間関係も、考え方も感じ方も、価値観も何もかもです。それはまるで別世界にワープするようです。

◇ だれもが初めはエゴで生きていく ◇

エゴとして生きるのがいけないわけでは決してありません。だれでも初めは、エゴが学び、エゴが生きる道を切り開く必要があるでしょう。こうしてエゴが充分に力をつけると、人生のステージが大きく飛躍します。また飛躍を繰り返すうちにエゴには届かない偉大な力の作用を自分の人生に感じるようになるでしょう。

そうなると、いよいよスピリットに従って生きる道へとシフトするチャンスが訪れるのです。

ダライ・ラマは3歳のときに両親の元を離れてパレス（法王の御住居）に引き取られました。そこでは偉大な高僧たちから指導を受けて育ちますが、15歳のとき、中国との間で深刻な問題が起きます。そのときにもうだれも指導してくれる人はいませんでした。

ダライ・ラマが「なぜいまだ子供の私に決めさせるのか」と言うと、周囲の高僧たちは非常に厳しく「あなたが知っているからです」と言います。この言葉には、いまだ子供のエゴではなく、スピリットは知っているのだから、スピリットに従うようにという意味が込められていると思います。

それから今日に至るまで、ダライ・ラマはエゴとしてではなく、彼のスピリットとして生きてこられました。

私が人生で大きな決断をするときには、いつもダライ・ラマの援助を受けてきました。直接関わって言葉や指導を受けるときもありますが、私が彼自身の困難に満ちた人生を思うことで勇気をいただくこともあります。

スピリットの意志のままに生きることは、エゴを無視することではありません。むしろエゴの本当の願いをかなえることでもあります。

すべては自分が造り出したもの

何の保証もない未来にバンジージャンプするとき不安のない人なんかいるはずありません。私もスピリットに何度も頼みました。

「これからはスピリットの望むままに生きるから、生きるのに困らないようにしてほしい」

「安くて身体に悪い物を食べることも、まずい食べ物を食べることも私は無理だから、そんな生活をさせないでほしい」

希望したとおりになっていますが、何でも思いどおりというわけではありません。

お金にしても時間にしても能力にしても余分に持っていれば安心します。何もなくて「大丈夫」と言われてもなかなか受け入れにくいものです。でも私はいつもそのパターンで、余分は持たされません。必要になると必要な分がポンと入ってくる、その繰り返しです。これがスピリチュアルな世界なのだと思いました。

何かを信頼するというような心許ない世界ではなく、**自分が創造者であることを「知る」ことがすごく大事**なんだと思いました。

スピリットからは、いつも予想外のものを与えられます。長い時間がかかりましたが、エゴが望むかどうかは別として、失敗を含めて与えられた経験を受け入れれば、必ず成長が促され、結果的には現実もすべてうまくいくと理解しました。

先述のとおり、主人は9月1日に亡くなったのですが、スクールの新規のクラスが9月2日から始まることになっていました。そのクラスを募集したときには、主催者から「いつもは告知した途端にほぼ定員が埋まるのに、今回はどれだけメールを送ろうが何をしようが人が集まらない」と連絡が来ていました。

それで今までの最小クラスの18名ぐらいでスタートしたのですが、結果的には、その前日に夫が亡くなって心身ともに消耗していた私は、もし30人来ていたら体力的にムリでした。だからすべては予想以上にうまくいっているのです。

霊格の成長は人格の成長がつくる

エゴとスピリットの関係は、人格と霊格の関係にかなり近いと言えます。

人格は人としての性質、性格や人としての能力などを備えて社会の概念の中でそれを変化させたり発達させたりという部分。あと社会的な経験の中で感情的に何かを思ったり考えたりしていく部分です。

霊格は、霊的な成長を目指しています。でも、霊格の成長のためには、まず人間としての肉体を持った自分を地球に送り込んで、地球社会の経験を通して人格の成長を促すことが必要です。

霊格が育っていっても、転生はあります。どこかへ行って何かを経験することで魂のテーマを探求していくからです。ですから、生れ変わりが終わることはありませんが、必ずしも地球ではなく違う場所に行くこともあるし、立場を変えるということもあります。**人間としての経験とスピリットとしての経験、どちらも必要**なのです。

ですから、生きている人間たちをスピリットとしてサポートする場合もあります。人間たちをサポートしていたスピリットは、もう人間や他の生命として生れないのかというと、そうではありません。成長のプロセスの中で、さまざまな立場で、さまざまな状況を経験しなければなりません。

天体はこんなふうにエゴの成長をもたらす

◇ 30年に一度の気づきと成長のチャンス ◇

占星学で「土星回帰」という現象があります。現行の土星が、自分が生れたときの土星のポジションに約29・5年かけて戻ってくることを指します。

土星には「厳しい教師」としての役割があり、「制限」「堅実」「秩序」「具体化」「具現化」「遅延」「障害」などのキーワードで表わされます。ですから、一般的な〝占星術〟の世界では嫌われ者で、土星回帰のタイミングでは、特に注意して土星のもたらす厄をいかに除けるかを読んだりします。

しかし、〝占星学〟の世界では、むしろ土星回帰は約30年に一度の、大きな成長と気づきのチャンスだと解釈されます。土星は制限を与えることによって安全を守ってくれます。**実力に適う挑戦は成長を促進します**。でも、無謀な挑戦は何もかもを失う結果になりかねません。そこを判断して、足りないところを伸ばせるように指導してくれるのが土星の役割です。

ですから、29歳〜30歳くらいのときに、一度人生を振り返り、これまでの人生で何を学び、どんな力を養ってきたのかを確認させてくれるような出来事が起きます。

また、今後養う必要がある力は何かにも気づかせてくれるでしょう。この年齢では、特に**水星**が示すコミュニケーションの基礎となる言語能力や、偏りのない中立な視点で物事をとらえ、正確に理解したり、言語化して伝えたりする力、**火星**が示す純粋な好奇心や目的意識、目的を達成するための探究心やチャレンジ精神や情熱など、**金星**が示す人を引きつける魅力や、調和とバランス、客観的な視点で物事を見通し、皆が納得するような智恵やアイディアを提案する能力、論理的な思考などがすべて整っているかを確認させてくれます。

そして、人間関係も含めて環境ががらりと変わるチャンスを与えられ、新たな学びのステージが用意されることも多いでしょう。

しかし、2回目の土星回帰では、当然これらの力がまだ充分でなければ、その点を強く示されますが、それだけではなく、この水星、火星、金星が示す力を社会で充分に活用できたかどうかも大きなポイントとなります。

もともと土星は鉛を意味していますから、ずっしりとした重厚感、威厳などを示し、「老賢者」と表現されることもあります。

2度目の土星回帰で今までの経験に基づく智恵を持って社会に何らかのかたちで貢献できていなければ、重苦しい重圧感のある土星回帰となり、憂鬱な気分になったり、焦燥感に駆られたりすることもあります。

また、ここで改めて自分の生き方を大きく変えるような新しい価値観に気づく出来事を体験する人も多いでしょう。

エゴで生きる人生は土星で終わる

土星は肉眼で見ることが出来る最後の天体です。そこまでしか見えないということは私たちの物理的な世界の限界を示していると言うことも出来ます。

現実世界には物理学的な制限があります。木から落ちたリンゴは空中に浮かんだり

惑星から促される人の成長の順番

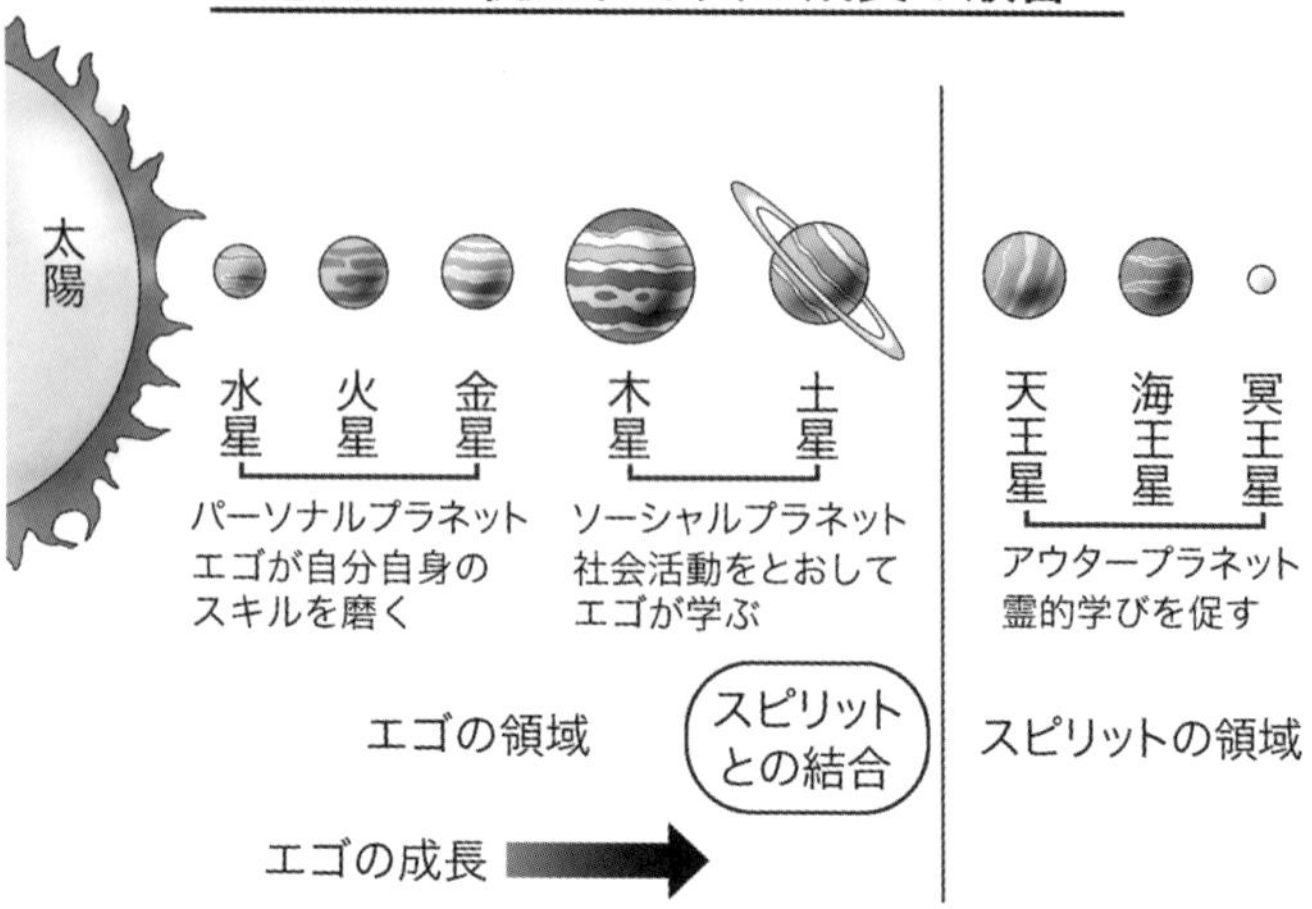

はしないのです。目の前にある皿が突然消えることはない世界です。ですから、これらの現実世界の秩序を作っているのは土星だと見ることが出来ます。

太陽を中心として、土星より内側の惑星たちは、すべて私たちが現実世界で人間としてのエゴを成長させるために必要な力や学びを与えてくれます。

水星から始まって、火星、金星、木星、土星の順で学びの領域と難易度が増してゆきますが、最後の土星は、最終的にエゴの成長の仕上げをさせて、スピリットと統合させる作用があります。

これに対して、肉眼で見ることの出来ない天王星、海王星、冥王星は、目に見えない霊的な領域を示す天体です。これらの惑星が起こす出来事に対して私たちは抵抗することが出来ません。多くの場合この3つの天体は、個人に対しての影響よりも、社会全体や、時代性を左右するような影響力を持ちます。

しかし、もし土星がエゴの領域を充分に成長させることが出来たと判断すれば、天王星から先の天体が示すスピリットに手綱を渡すことになります。手綱がスピリットに渡されれば、当然エゴの意志で生きる人生は終わります。

そこから先の人生は、予想外な展開になるでしょう。そして先述したとおり、3つの惑星は、社会に対する影響力や時代性を表わします。その天体がスピリットの意志によって生きる人々にはダイレクトに影響を与えるので、その人自身が社会的な影響力を持ったり、時代にふさわしいリーダーとしての役割を担ったりします。

土星回帰の時期にすべきこと

土星回帰が起きると、そのままの延長線上では生きられなくなります。人生を見直して、何かを変えなければならない時期なのです。部屋の模様替え程度ではなく、今までやったことのないことにチャレンジしてみることも必要になるでしょう。何となくだれかにお尻を叩かれているような感覚で、じっとしていられなかったり、「このままではいけないのではないか」という思いが出てきて、焦燥感に駆られたりします。

それぞれの天体が支配する星座というものがあります。水星ならば双子座と乙女座、火星は牡羊座と、古典占星学では蠍座も加わります。金星は牡牛座と天秤座。木星は射手座。土星は山羊座と水瓶座です。

たとえば自分の出生図の土星が蟹座にある場合は、土星回帰は土星が蟹座に戻ってきたときなので、土星自身が成長のための旅の最中にある状態です。そのため、強大な力で働きかけることはないかもしれません。しかし、土星が出生図の中で山羊座や水瓶座にある人は土星回帰を山羊座か水瓶座で迎えることになります。そこは土星にとって自分の世界ですから、このように山羊座で回帰したときの土星は非常に強い影響力を持ちます。

今土星はちょうど山羊座にいます。ですから、出生図の土星が山羊座の人は要注意です。と言ってもそれは「難を避ける」という意味での注意ではありません。日頃目の前のタスクに追われて自分自身を省みる時間がないような人でも、充分に自分を意識して、まだ不足している力が何かに気づいて、大きく変容を促すチャンスを逃さないようにするべきでしょう。

土星は、天王星のように瞬間的な刺激を与える天体ではありません。しかし、一時的に凝縮されたかたちで困難な現実に直面させることはよくあります。土星が与えてくれる困難を乗り越えるには、長期的な展望の中でじっくり腰を据えて取り組むことが重要ですから、焦る必要はありません。むしろ、土星は未来の可能性に向けて、じっくり確実に変容を促そうとします。

この時期には、**静かに自分と向き合い、改めて自分自身が納得のいく人生とは何かについて考える**ことは大きな助けとなるでしょう。また、**自分自身に対する信頼、自己肯定感をしっかり身につける**ことは、新たな挑戦のために必要不可欠です。

土星は自分自身の権威に気づくことを常に促してくれます。

……3……

魂は、〝引き寄せ〟や〝奇蹟〟を望んではいない

「引き寄せ」イコール「幸せ」とは限らない

ガンジーとマンデラの共通点

地球で偉業を成し遂げた人の中で、私が興味深いと感じる人に、マハトマ・ガンジーとネルソン・マンデラがいます。

二人ともよく似たところがあると思います。ただし、育ってきた背景は違っています。ガンジーは非常に裕福な家庭で育ちましたが、すごくやんちゃ坊主で、メイドのたばこをくすねるなどして、度々警察のお世話になるような人でした。お父さんは最初のうちは警察に迎えに行きましたが、度重なる不祥事に呆れて、やがて別の人にまかせるようになります。しまいには、インド哲学の偉い先生が迎えに行くようになったと言います。

ガンジーは、お父さんには怒られましたが、先生たちには1回も自分を否定されたことがなく、説教されたこともありませんでした。家に連れられて帰ってくると「さあ勉強を始めようね」と言われるだけだったのです。

でも、そんなふうなので、大学に入ろうとしたときには勉強がまったく出来ません。そこで「あの先生たちは、そんな自分を一言も否定しないで無条件に信頼してくれる、なぜなんだろう」という疑問が湧いてきて、すぐに「どうして私を怒らないのか」と先生たちに聞いたのです。返ってきた答えは「**あなたには素晴らしい可能性があるのだから、叱る理由など何ひとつもないじゃないか**」というものでした。

そこからガンジーは人生を大きく変えてゆきます。教師たちと心が繋がり合うようになったために、ガンジーは物事の表面的な部分ではなく、客観的により深い部分を見通して理解する力を得るようになります。そして「こんなに深い智恵を与えてくれる先生に恩返しがしたい、祖国にも恩返しがしたい」と思ったことが転機になり、猛勉強して優秀な大学を出て、ロンドンでトップクラスの法律事務所に就職しました。

ところがロンドンで列車の特等に乗ろうとしたとき、「おまえはインド人だから別の席に行け」と言われます。特等の切符を見せても乗せてくれません。そのとき彼は祖国が置かれた立場を初めて感じました。それで彼はインドを独立させようと決心したのです。

ガンジーは豊かな家に育ち、自分自身は不足のない育ち方をしましたが、一方で、部族出身のマンデラは貧しく迫害され、反アパルトヘイト運動に参加したために27年もの間投獄されました。しかし、出所して4年後には南アフリカの大統領になりました。

まったく違った背景の二人がなぜ似ているかというと、二人ともだれにも拳を振り上げることなく、たった一言のスローガンだけを掲げて、人々の心を掴んだからです。ガンジーは、「人は生まれながらに平等だったはずだ」という一言でインドを独立させたし、マンデラは、「人は教育を受ける前から（子供のときから）人を差別したりしない」と言って南アフリカを統治したわけです。

◇ 掲げた希望に向かって突き進む ◇

ガンジーは人種差別する人や、イギリス国王を一言も批難しませんでした。また、マンデラも大統領府に勤めていた白人が辞職することを止め、差別してきた白人を一度も否定せずに、ともに国を高めようとしました。

彼らの視点は常に高いところに向いています。出来ていない人を裁くとか、弱い人を救うというやり方ではなく、より高い理想にみんなで向かおうという考え方なのです。

彼らは、なぜ人を否定しなかったのでしょうか。「**人の行動にはその動機となる原因があり、どの人を否定しても解決には繋がらない**」ということを、たぶん二人とも理解していたのでしょう。だからこそ理想を高く掲げるという方向に意識が向かったのだと思います。

人はガンジーのようにリッチな家に生まれたら幸せだとか、マンデラのように厳しい環境は辛かったと思うかもしれませんが、まったくそうではなかったかもしれません。二人とも、どんな環境も受け入れた上で最終的には自分が掲げた希望に向かって突き進みました。

特にマンデラの27年間の投獄生活は過酷で、その牢獄は、今は博物館のようになっていますが、「ここでどうやって寝ていたのだろう」と思うくらい狭くてひどいものでした。そこで理想の実現を諦めても当然なのに、彼は諦めることなく熱意を持って自分の希望を掲げ続けました。

彼がもし中流の家庭で、ある程度不自由のない生活をしてきた人なら、どこかで諦めていたかもしれません。あれだけ辛抱強く信念を持ち続けるためには、厳しい環境が必要だったのかもしれません。

ドナルド・トランプも、政治家としていかがなものかという面はたくさんありますが、見方を変えれば、彼は世界に対して問題を投げかける役割をちゃんと果たしているのではないでしょうか。彼も、あそこまで行き着くには、非常に厳しい父親がいて陸軍幼年学校に入れられたりという背景がありました。そういう環境を受け入れて必要な力を養っていくことは、自分の魂の目的をちゃんと達成して、満足して生涯を終えるために欠かせないことだと思います。

魂の目的に〝運不運〟は関係ない

占星学で出生図を見ると、マンデラもガンジーも非常に興味深いです。

そういう意味では、新天皇も非常に興味深いです。政治家ではないので表立って何かするわけではありませんが、新天皇が日本の象徴として立つことは、日本人の意識をより革新的な方向へと変えていく効果があるでしょう。

一見、何不自由なく育った人で幸せだなと思えるかもしれません。私は縁あって皇太子時代の陛下に、関わっていたことがあります。次期天皇として、また新しい時代を担うひとりとして非常に厳しい教育を受けてこられました。プライベートはほとんどない、言ってみればすべてを日本国に捧げる人生です。私たちと比較すれば、自由どころか不自由極まりない生活です。もし皆さんがあの境遇に生れてきたら、「何て不幸な人生だろう」と思ったかもしれません。

しかし、その環境に生れる選択をしたスピリットですから、そこに耐える力を持っているのは当然です。そればかりか、新天皇は世界が認める人格者であり、他国の王族の方々からも「王の中の王」と認められる実力をお持ちです。

人はそれぞれ**自分のスピリットが探求したいテーマにふさわしい環境を選んで生れてきます**。ですから、何が運がいいのか、あるいは悪いのかは短絡的に判断することなど出来ません。むしろ**運が悪いと思ったことが、その後大きく運を開花させること**

になるかもしれません。

ですから、自分も自分の周囲に起こる出来事も、受け入れていく姿勢が大事ではないでしょうか。

「何で私ばっかり」とか「自分は運が悪かった」と思ってしまうと、その先の可能性は先細りになってしまいます。でも、「きっと、これを乗り越えていくにあたって与えられる力や智恵が、将来的にきっと自分の可能性を広げていくんだな」というふうに考えを変えられれば、逆に可能性がぐんと広がります。

単に「時間が経ってみないと運不運は判断できない」ということではなく、人生のプロセスで大変な状況にあるとき、**どう考えてどう乗り越えていくか**が大切ですから、積極的に前向きなとらえ方をするべきです。

マンデラは私生活もけっこう大変でした。家族と過ごす時間もなかなか取れなかったし、途中では不和もあって、私的な意味では幸せと言えなかったかもしれません。大きな役割を果たす魂は、反面ではとても過酷な経験をしています。法王でありながら亡命せざるをえなかったダライ・ラマ14世もそうです。

結局自分の満足とは、結果としての現実ではなく、本当に純粋な意味で**自分自身に**

誠実に生きることだと思います。

ガンジーにしてもマンデラにしても、魂が強烈にひとつのテーマを掲げてこの世に来たと思いますが、それと同時にエゴを成長させ、エゴがスピリットと完全に同意しなければ、彼らの偉業を成し遂げることは適わなかったでしょう。

彼らに限らず、大きく社会を変えなければならない今というタイミングでは、ここに生きている全員に少しずつ担うべき役割があります。その役割を果たすためには、真の意味で自分を大事にしていく必要があります。社会的な活動をしていると、私もそうですが、そこがおろそかになって自分がすり減ってしまいがちなので、気をつけなくてはいけません。

◇シンクロニシティで人生はスムーズにいくのか◇

引き寄せを望んでいる人の多くは、「お金や恋愛を思い通りにしたい」と思っているわけですが、なかには「シンクロニシティ（共時性、意味ある偶然の一致）の連続によって、スムーズな人生を送りたい」と思っている人たちもいるようです。

でも、それが可能になるかどうかは、それぞれのプロセスによると思います。現実的に自分で何かをする、たとえば何か新しいものを開発したり営業したりすることによって自分の成長を促せるプロセスもあるので、そういうときにマジシャンのように引き寄せを使おうと思っても、難しいでしょう。

私の場合は、現実的に頑張って何とかなるほうが面白いので、全然引き寄せには興味がありません。ただし、自分が予期していなかった飛躍的な出来事に驚くのは面白いです。でも、亡くなった夫はサイキック能力にも、引き寄せ的なことにもすごく興味がありましたが、彼自身が望んでいたものは、何も引き寄せられてきませんでした。引き寄せられたのは恐い妻（私）だけでしたよ。

また、そういう能力のある不思議な人や、怖ろしく強運な人は引き寄せました。でも、残念ながら彼自身が何か途轍《とてつ》もないことを引き寄せることはありませんでした。

映画になりそうなほど強い運の持ち主などに出会うので、「自分もそうなれるのではないか」と希望を持っていました。彼の引き寄せによって、私がチャンスを与えられたことは何度もありますが、彼自身は何ともならないのです。今頃アストラル界で本人も笑っているでしょうね。

人にはそれぞれに違った魂の計画がありますから、だれでも同じ努力をすれば同じようになれるわけではありません。しかし、エゴの成長を促すためであれば、それにふさわしいシンクロを体験しているはずです。シンクロは大概、自分の意志で願うのではなく、「偶然」と感じるような共時的出来事を指します。当然その場合は、スピリットが必要に応じて起こしています。

一方サイキックな能力が簡単に使えてしまうと、成長に必要な困難を除けることができるので、逆にエゴの成長を阻害します。ですから、簡単には使えないように土星が制限をかけています。

私も子供の頃になぜ空を飛べないのか、なぜ瞬間移動出来ないのか、なぜ靴を履いて歩かなければならないのか不思議でなりませんでした。また、なぜ食べる必要があるのか、なぜ言葉で伝えなければ人は理解してくれないのか、いちいち不思議でした。

ここに生れてくる前には、すべて当り前に出来ることだったからです。私自身も今回の人生はそんな力を使うべきではないので、土星によって強く制限されています。

サイキックに人生を決めてもらいたい人たち

どうしてサイキックやヒーラーに憧れるのだろう

今は猫も杓子《しゃくし》もヒーリングやリーディングをやっていて、また、不思議とそこに依存したい人たちがたくさんいます。また、自分も将来ヒーラーになりたいという人も本当にたくさんいらっしゃることに驚きます。

この現象は、俯瞰してみると子供の頃にかっこいい職業に就きたいと思ったこととと変わりがないのでは？　……と思ってしまいます。

地球社会では、両親からも、学校教育でも人生の楽しみ方を学ぶチャンスがありませんから、そんなところに価値を見出そうとしてしまうのかもしれません。

でも、みんなが魔法使いになったら、今の現実世界に価値がなくなり、社会のモチベーションも、価値基準もすべてがひっくり返ります。しかし、まだこの世界でしか得ることができない成長の可能性が残っていますから、残念ながら魔法使いになることはできません。

サイキック能力を使うと、成長のプロセスを経験することが出来なくなります。たとえば、オリンピック選手は皆金メダリストになることを目標としていますが、そこに至るまでのプロセスを省いて、いきなり表彰台で金メダルを首に掛けられる現実が起きたらどうでしょうか？　そこには何の感動もなくなってしまいます。

これはすべてのことに当てはまります。その過程ではどんなに面倒なことも、どんなに辛くて困難なことも、未来の感動や、自己信頼や自己肯定のために必要不可欠な経験です。オリンピックのようにすぐに結果を経験することは出来ないかもしれません。もしかすると、結果を与えられるのは、死んでからかもしれません。ですから自分自身のスピリットを信頼して気長に取り組むしかありません。

サイキックの人たちを特別視するのは、魚座の名残だと言えます。魚座時代は目に見えない神秘現象などに惹かれる特徴がありますから、巨大宗教組織の法王がヒーローになりました。それと同じようにこの時代の特徴としてサイキックやヒーラーに憧れを抱くのは必然でしょう。しかし、今はもうすでに水瓶座時代に移行していますから、人々の意識はより現実的で社会的な方向へと向くようになります。

根拠のないいわゆるお花畑的な世界観が崩れ去り、明確な科学に基づくことだけが残されていきます。ですから**既存のスピリチュアルな概念は大きく様変わりし、淘汰されていく**ことになります。

その代わり、科学がその領域に入り込み、曖昧な部分を小気味よく解いてくれます。そうなれば、もうサイキックはいりません。科学技術によって効率を図られることになるので、不便で不公平な世界が是正されることになります。

サイキックは単なる技術ですから、科学技術が発達することでその部分を担ってくれるでしょう。

◇あなたの魂は何を求めてやってきたのか◇

エゴの望みが、スピリットの望みとかけ離れている場合は多くあります。

皆さんは幼い頃に望んだことを、今でも望んでいますか？　子供の頃は、毎日遊園地に行きたいと思ったり、クマのぬいぐるみは最愛の友だからいつでも一緒にいたいと思ったり、もう少し大きくなったら、宇宙飛行士やジェット機のパイロットに憧れるとか、女性はどこかの国の王子さまと結婚してプリンセスになりたかったかもしれません。もちろんこんな夢を持っていたことなど、大人になったら忘れてしまっていても当然です。

でも、子供の頃のように自由な心で、いつでもそのときの自分にふさわしい、無邪気で純粋な望みを持てることはとても素敵なことです。

子供は毎日新しいことを知り、毎日成長しますが、大人になると自ら成長を止めてしまうことが多いように思います。子供のうちは自分の変化を楽しんでいますが、大人になるともうこれ以上変化しないと思ってしまうのでしょうか。

変化することに抵抗を感じる人が多くなるのは、すべてのモチベーションが「安全で安定した生活」になってしまうからではないでしょうか。

「もし自分が変わってしまったら、今の仕事は続けられないかもしれない」「今の人間関係が崩れてしまうかもしれない」「だれも私を理解してくれなくなったらどうしよう」。変化を怖れる人はこのように言います。

しかし、考えてみてください。あなたの魂、スピリットは、安全な生活を送るために、わざわざ天国のような世界からこの世に生れてきたのでしょうか？

そんなはずはありませんね。それなら生れてこなくても、あの世で充分だったはずです。むしろあの世のほうがずっと楽しいでしょう。

◇エゴとスピリットの望みを近づけていくヒント◇

それでは**なぜ今ここに生きているのでしょう**。**それは「成長」のため**なのです。すべての魂、スピリットの願いは成長です。成長することによって人は不可能を可能にします。こうして「空」に潜在している可能性を知りたいのです。

ですから、大人になっても、年老いても死ぬまでエゴの成長の可能性は続きます。

そして、エゴの成長とともに心に抱く夢も成長します。

エゴが成長すると意識が拡大して視野が広くなります。そうなると、短絡的な価値観ではなく、長期的に見て価値のあることを望むようになります。こうして、エゴの望みはだんだんとスピリットの望みに近づいてきます。

子供のうちは、バレリーナになりたいとか、フィギアスケートの選手になりたいとか思っていても、徐々に自分を客観視出来るようになると、自分には才能がないとか、自分の道ではないと悟るようになります。

しかし、大切なのはその後です。自分には他に素晴らしい才能があるはずだと思えない人が多く、それ以降は自己探求の道を捨てて社会に迎合して生きる道を選択してしまいます。それではスピリットが気の毒です。

バレリーナがだめでも、**今の自分にふさわしい望みがある**はずです。一度夢が破れると懲《こ》りてしまうというのはもったいない話です。それぞれにふさわしい夢を見つけるにも冒険や挑戦が必要です。だから人生はゲームなのです。

自分の本当の夢を見つけるためのプロセスにはたくさんの気づきや感動があるはずです。そして、少しずつ本当の自分の才能や能力にも気づき始めるのがこの道の面白さでもあります。

私はかつてほんの少し女優業をやっていました。周囲の人たちには、女優としての私の幾ばくかの能力を認めていただいたから、そのチャンスを得たはずなのですが、私自身はまったく自信がありませんでした。もともと演出家になってみたいと思っていた私は、演技に対する評価が辛く、自分の演技など何ひとつうまくないと思っていました。正直いまだにそう思っています。

しかし、最近かつて一緒に演技の勉強をしていた友人に十数年ぶりに会いました。そのとき同席していた他の人たちに、「この人芝居うまかったんですよ」と言われて、

「……？」ポカンとしました。

今の私は人前で話をする機会がとても多くあります。改めて考えてみると、もしあの頃に訓練してきた基礎的な力がなければ、こんなふうに楽に人前で話すことなど出来なかったのかもしれません。身についた力は、自分にとっては当り前のことになるので、意外と人は自分の能力には気づけないのかもしれませんね。

しかし、だれにでも何らかの力や才能が潜在していることだけは確かです。それに気づくためには、**さまざまなチャンスに積極的に挑戦してみる**ことが大切です。

ヒーラーになって人を助けたいという願望の裏側

先ほどヒーラーになりたいと望む人たちの話をしましたが、確かにサイキックなヒーラーやスピリチュアルリーダー（魂の計画や過去生などを読み説くらしい……）になることが出来れば、人によっては優越感を持つことができるかもしれません。実際私はその逆でしたが……。しかし、**優越感＝幸福ではない**ところが落とし穴です。

同様に、人の助けになりたいと望む人たちもたくさんいます。なぜヒーラーになりたいのですか？　と聞くと、大概の人は人の助けになりたい。役に立てることは喜びだ。という答えが返ってきます。しかし、その人たちの話をよく聞くと、助けが必要なのはあなたなのでは？　と思います。

よく言われるように、**自分自身の願望も含めて外側で起きることは、自分の内面の投影**です。従って自分を救うべき状態にあるときには、人の役に立ちたいという願望となって現われます。

私も最初の離婚前、人生に行き詰まりを感じていました。このままでは自分が生きている意味がないように感じたし、何の取り柄もない自分に失望してもいました。それなのにプライドだけは高くて素直になれない自分が腹立たしく、もし子供がいなかったら私はここから消えてしまいたい、なんて思っていたときもあります。そんなとき、私のつかの間の安らぎとなったのは、人の役に立てているという思いでした。

ですから、その頃の私はどんな小さなことでも、人の役に立てるのならやりたいと思っていました。そのプロセスが必要だったことは、自分でも認めています。でもそのときにはヒーリングもリーディングもしていません。むしろだれにでも出来るようなことばかりです。

病人にご飯を作って運んだり、朝早く起きて人を空港まで送ったり、引っ越しの手伝いをしたり……。本当にたわいもないことです。とても優越感なんて感じるようなことではありませんでした。そのかわり、共依存の関係になることも、トラブルも起きませんでした。

病気だった人は回復すれば、もう私の力を必要としません。空港に行った人も、無事に帰宅すればそれまでです。すべてはその場限りのことでしたから、私にとっては持続性のない一時しのぎの満足感でした。

しかし、それがとてもありがたいことだったのだと気づいたのは、ずっと後になってからです。

私は“この力”をどう使っているか

サイキックな力には、お金と似たような危険な魔力があるように思います。まあ、確かに魔力と言えば魔力なのですが……。

本人がまったく望まなくても、**サイキックを中心に作られる組織には、共依存の関係**が見られ、パワーによる支配関係となってしまいがちです。そこには人々のさまざまな念が渦巻き、ドラマティックな人間関係が展開されています。私はもっとも避けて通りたいことでしたが、一方でここにメスを入れることは、残念ながら私のスピリットの望むところだと理解してもいました。

しかし、未熟な私のエゴの望みとはかけ離れたことでした。だからこそ、スピリットは私の成長のための最善策だとも考えたのでしょう。私には他の道を与えられませんでした。

私がスピリチュアルなワークに仕事として関わったのは、今から20年以上前のことです。最初はドクター・マーリンの指導のもとで個人セッションを行っていました。

たくさん奇蹟を体験しました。しかし、私には喜びがありませんでした。

実は14歳頃からしばらく人を透視していた時期があります。その頃の私は、自分の力を制御する力がまだ確立されていなかったために、確かにスーパーサイキックでした。あらゆる未来の可能性を見通し、その中からもっとも確率の高いタイムライン（後出）を割出すことも、人が抱えるさまざまなパラレルをたどっていき、原因不明の問題を抱える目の前の現実とのリンクを見出し、問題を解決することさえ、すでに出来ました。

しかし、人の人生の重要な側面に触れて、私の一言が他者にどんなに大きな影響を与えるのかを知ると、私には、物を申すことが出来るほど地球人の人生についても社会についても何もわかっていないと気づきました。

以降この力をいかに封印するかに悩まされ、体調を崩し、ボロボロの中学時代を送ることになりました。人からは「恐怖の霊感少女」「悪魔の霊感少女」などと言われ心身ともに傷ついていましたが、地球に不慣れな私は、傷ついた自分を表現することも出来ませんでした。

ですから、離婚後に個人セッションにおいて再びこの力を使わなければならないという事態を素直に受け入れることなど出来ませんでした。「私は幸せになりたくて離婚したのに」「こんなことをしたくて離婚したのではないわ！」と毎日むくれて不機嫌でした。

私が自分の肝に銘じたのは、「絶対に人をコントロールしないこと」です。もちろんクライアントには、私が思うところの最善最良は何かを伝えます。でも私の意見を聞くか否かはその方の自由です。

セッションをいざ始めてみると人間の情は恐ろしいものです。良かれと思う余り、必要以上に強調したり、執拗に何度も繰り返してしまったりしている自分に呆れます。自己嫌悪に陥ります。

しかし、人間の理解は頭から来るのではないのですね。多くのクライアントや生徒たちに支えられて、今日までこの仕事を続けてくると、さまざまな経験が私を育ててくれました。

今では、人それぞれ、自由な選択をする意味も価値もあることを理解しています。そして、ときには**最善ばかりが人生でない**とさえ思えるのです。**人生は楽しむべきものだからです**。ここまで来るのに20年という月日が必要でした。人間の成長には何と多くの経験が必要なのでしょう。焦るのは一番もったいないことです。

サイキックに憧れる人も、サイキックに人生を決めてもらいたい人もいますが、私の経験から言えることは、**正しい生き方なんてない**ということです。何が一番楽しいかは、自分にしかわからないのですから。

◇みんなクライアントのスピリットが教えてくれる◇

私が個人セッションを始めたときは、マーリンが教えてくれた誘導瞑想を使ったものでした。しかし、数年続けると、そのやり方は終わりだと言われました。

その後は特別なケース以外はサイキックな能力をほとんど使いませんでした。社会意識にとらわれすぎて苦しんでいる人に「物事をあなたの純粋な目で普通に見ましょう」とアドバイスするようなスタンスでした。

サイキックな力を使わなければならないようなセッションは、重篤な病、宇宙がらみの問題、クライアント自身が生れつきのサイキック、もしくはETソウル（宇宙人としての記憶のほうが優勢な状態になっている魂を持つ人、私もそうです）といった場合です。そういうときは、予約が入った段階で、クライアントのスピリットが何を必要としているのか予告してくれます。実際のセッションでも、その人自身のスピリットが私の口を使って、私に必要なことを言わせているだけです。

若くして乳がんを患い、乳房を全摘しなければならない人が予約してきたときには、私の胸に真っ赤な地図状のあざが出来たので、その人に何が起きているのかわかりました。予約の電話では「病院に行ったのですが、ちょっと悩んでいることがあるので相談したい」としか言われませんでしたが、「乳がんはすでに相当広がっていて、リンパまで転移する可能性がある」とわかりました。

彼女は当時確か32歳くらいでした。恋人はいたけれど、独身で両胸の全摘を受け入れるのはかなり厳しいことです。医者には温存でいいと言われたのですが、私にセカンドオピニオンを求めてきました。きっと本人も温存では難しいと直感的にわかっていたのでしょう。

「私があなたのスピリットから知らされたのは、全摘の必要があるということです」

「長い目で見たら、それはあなたの人生にとって残念なことだとは言えないでしょう。もしかしたら、そのことが将来あなたの人生を豊かにしてくれるのかもしれません」と伝えました。

彼女は結局温存手術を受けたのですが、1週間後にやはり全摘手術が必要であることがわかり、1か月ぐらい後に再び手術を受けました。

そのとき私が伝えたのは、「どんなことも経験してみなければわからないことばかりです。病気も、怪我も、成功も、失敗も、その喜びも悲しみも重圧感も、本人以外にそれをわかる人はいません。それと同じように、女性が未婚で若いうちに胸を失うということがどんなことなのか、想像することは出来ても、知ることは出来ません。そこにはきっと実際に経験した人でないと得られない何かがあるはずです」「それはあなたの人生にとって、避けることの出来ない重要な経験であるはずです」ということです。

この場合も、特別サイキックな力で彼女の病気を治すとか、手術を回避させるとかいった関わり方はしていませんし、他の似たようなケースでもそうでした。

人それぞれに必要な経験は違います。そして**どんな困難も、苦痛も、その人にとっ**

ては重要な経験なのです。

◇ あれもこれも計画の一部 ◇

だからといって、すべては運命だから避けられないなどと考える必要はありません。**どんなときにもベストを尽くさなければ、むしろ必要な経験にはなりません**。

そうした意味で、私が経験した別のパターンの話をしておきます。

ご本人がもう手術室に入っている状態で、家族から「胸騒ぎがする」と連絡がありました。

私はその瞬間に手術室の光景が見えてきました。手術そのものに問題はありませんでしたが、その方は迷っているようで、肉体から意識が半分出かかっていることに、本人も気づいていませんでした。そのために血圧が降下している状態だったのですが、明らかにスピリットは人生の続きを経験させようとしています。

そこで私はご本人に、「まだ人生の続きを楽しめるのですよ、肉体にちゃんと戻ってください」と伝えました。実際にはこれらを言葉で伝えるわけではありませんが、そのことは説明のしようがありません。しかし、私が意識でそのように働きかけると、魂は肉体に戻り、生還されました。

また別のケースは、「高校生の息子が、何の理由もなく衰弱していく」と心配するお母さんから電話が入ったこともありました。「そのお子さんの魂が死を選ぶと決めているなら私にはどうしようもないですが、見てみましょう」ということで、その青年の状態を遠隔で見てみました。

オーラの中にはさまざまな層があり、たいていの場合は、まずメンタルボディといわれる思考を成立させているボディのプログラムを透視します。そこには三角形の鎖のようなパターンがたくさん並んでいるのですが、その青年は三角形が全部逆向きになっていました。

私の経験上、三角形が逆向きになっている場合、その方の魂はだいたい肉体を離れて亡くなります。そこで彼のスピリットに話しかけました。

「あなたはまさに肉体を離れようとしているけどそれでいいの？　この人生でやり残したことはないの？」

するとだんだん三角形の向きが元に戻って、生気がよみがえってきました。

ここで挙げた例は、私が関わったことで運命を変えたように見えるかもしれません。しかし、実際はもっと複雑です。スピリットが望む経験にはさまざまなバリエーションがあります。

ここで挙げた二つの例は、本人もさることながら、家族にとっても「生きる」とは何か、家族とは何かについて、霊的な視点で、改めて考えるために必要なチャンスだったのかもしれません。私はそのためのきっかけを作る必要がありました。

ですから、彼らのスピリットにとって、私の登場も計画の一部だと言えるでしょう。

〝運がいいばかりの人生〟なんて……

どんな特別な能力があっても……

だれだって運が悪いより運がいいほうがいいですよね。

でも、本当に俯瞰して長い目で物事を見れば、だれでも運はいいと思うし、今一時いやなことがあったとしても、振り返ってみたら「**あのときあれがあったおかげで今がある**」と思えるようなことは皆さん経験していると思います。

だから本当はみんな運はいいし、守られているのです。自分で何かを訓練するとか、努力して自分の能力を高めて思いどおりの現実に近づけていくプロセスを楽しんでいる魂もあるし、そうでない魂もあるかもしれません。

対象が何であっても同じことだと思うのです。サイキックが楽なのかというと、そんなことはありません。精度を上げるにはやはり猛烈なトレーニングが必要です。たとえば「ここから100キロ離れたある部屋の様子を詳細に説明出来るか」と言ったら、たいていの人は出来ないと思います。

CIAやロシアのリモートビューアー（遠隔視を行う人）がやっているようなトレーニングをするくらいなら、普通に生きたほうがずっと楽です。現実的な仕事で成功するほうがどれだけ楽しいかと思います。私もそういうトレーニングを受けていたときは、毎日頭痛と吐き気が止まりませんでした。

フィギュアスケートの羽生選手には生れつきの才能がありました。別の意味で私にも才能がありました。でも、彼は人の何倍も何十倍も努力しているし、私たちのような能力を持つ者も同じです。

過去は今の原因ではない

「私の過去生はどうだったのでしょうか」という人がいますが、過去生を聞きたい理由は、ひとつはロマンスを求めているから、もうひとつは、無意識ですが、今うまくいかないことの理由を見つけて納得したいのだと思います。
「そうか、過去にこんなに傷ついてしまったんだからしょうがない」とか「過去にこんな嫌な目にあったのだから、こういうことには挑戦できなくても当然」とか。あるいは、「過去にたくさん悪いことをしたから私は幸せになれなくて当り前なんだ」と考える人もいます。

ヒプノセラピー（催眠療法）や過去生リーディングなどが流行ったおかげで、そのようなセッションを受けていなくても、今の状況から推測して「私はきっと過去にこうだったのだろう」と思ったり、何も起きていないのに自分を責めたりします。これもスピリットからすれば困った現象です。

仮に本当にそんな過去があったとしても、実際、物理学的には、過去はひとつではなく100万通りもあるのに、そのうちのひとつを取り上げて、今の人生の言い訳にしてしまうなら、未来の圧倒的な可能性をすべて否定することになります。

常に**過去は今や未来の制限にはなりません**。言い換えると、過去は今や未来の原因にはならないのです。もし過去が今の原因になっているとしたら、そうならしめているのは皆さんの思考です。なぜなら、**今この瞬間の思考となって現われる意識が未来**

を選択し続けると同時に、過去も選択し続けているからです。

量子物理学の研究のおかげで地球でも時間のトリックが大分解明されてきています。しかし、物理学が解明したことを実際の日常に生かすには少し時間がかかりそうです。

◇ 自分の過去生を他人に尋ねる危険性 ◇

前世療法というアプローチから、多くの人のトラウマから来る潜在的な制限を外すことに成功した、ワイス博士の発見と研究の功績は非常に価値あるものでした。顔を洗うことすら困難な水恐怖症の人が、朝気持ちよく洗顔し、たっぷりの湯でパスタをゆでることが出来るようになったら、人生は大きく変わります。

このような成功例は多くないことをワイス博士自身が伝えています。しかし、博士の懸念していたとおりのことが起きたようにも思います。

ヒプノセラピーに関しては、ご自身がセッションを通して体験することですから、だれも否定することは出来ません。しかし、先述の理由からも、他人に読んでもらった過去生をむやみに信じることは危険だと思います。そもそも、自分の大切な魂の記憶を、人に読んでもらわなければならない理由がどこにあるのでしょうか。

この**人生で必要なことはすべて現実に起きます**。そして、必ず思い出すべきことは思い出せるように出来ています。過去の人生でやり残したことは、魂の記憶としてちゃんと残っています。そして、それを思い出せなくても、今生の課題として突きつけられるのです。また必要なときにベストなタイミングで思い出す、もしくは気づきのようなかたちで与えられます。

人生はゲームであると何度も申し上げてきました。このゲームのテーマは、魂が掲げているので、今回の人生ばかりでなく、幾つもの人生を通して同じテーマを違ったスタンスで探求しています。

魂はせっかく今というゲームを楽しむためにあなたをここに送り込んだのですから、未来を自由に創造することを望んだに違いありません。

4

私たちはタイムラインで未来をつくれる

「現実」のつくられ方

まるで「ちびくろサンボ」の虎

パラレルワールドと聞くと、子供の頃に三面鏡を覗いて、無限に連なる自分の姿にワクワクしたことを思い出される人も多いのではないでしょうか。私たちはまさにこんな世界に生きているのです。

「ひも理論」の第一人者であるコロンビア大学物理学部教授のブライアン・グリーン博士は、子供の頃に、たまたまこの不思議な鏡の現象に遭遇したことがきっかけで物理学者になったと言っていました。

さて、パラレルワールドとは一体何でしょうか？　量子物理学の世界では、ひとつの分子が同時に3000か所に存在しうることをすでに証明しています。これをスーパーポジションと呼びます。しかし、3000か所に存在する分子を、どこかひとつに特定しているのは観察者と言われるだれかの意識です。

私は幼少期にこのことを「**不確かな現実**」という言葉を用いて、さんざん大人に説明していましたが、だれもまじめに受け止めてくれませんでした。

大人は目の前の現実に常に反応して生きています。しかし、目の前の現実は自分の過去の意識が創造したのですから、目の前の現実に反応することは、意識上では過去を追いかけていることになります。なぜなら、過去の意識の状態が作り出した今の現実に対応する意識は、その現実を創造した過去の意識と等しい関係となるからです。これを繰り返せば、「ちびくろサンボ」の虎になってしまいます。（ヘレン・バナーマン作の童話。ちびくろサンボは主人公、登場する虎が自分の尻尾を追いかけてぐるぐる回り、最後にバターになってしまう）

つまり、過去の繰り返しを永遠に続けることになるのです。しかし、大人が反応している現実は非常に不確かなもので、思考を変えることでいつでも簡単に変えられると私は説明していました。

しかし、大人たちには「何だか不思議なことを言う子供だ」「精神科に連れて行ったほうが良いかもしれない」「まるでおとぎの国に住んでいるようで、将来が心配だ」とよく言われましたが、内心「心配なのはそっちだ！」と思ったものです。

◇ タイムラインとパラレルワールド ◇

現実世界で目にすることの出来る**すべての物質は、分子や、それをさらに小さくした原子や、さらに小さい素粒子で構成**されています。これらはすべて同時に3000か所に存在しうるのです。その中で皆さんが見ているのは常に1／3000の確率の可能性だけです。そして実際にはもっと多くの可能性が常にここに存在しています。そして、これらの分子が連なった物質は、観察者と言われるだれかの意識が確定しない限り不確定な状態でそこに存在しています。

私たちは膨大な可能性の海の中に漂っているようなものなのです。そして、ここでは常に多くの人が何かを思い、考えていますが、人々は思考することで、すでにここに存在している多くの可能性の中から、瞬間ごとに今の現実を選択し続けて、バラバラだった時間を1本の線のように繋ぎ合わせているのです。このように線状になった時間を**タイムライン**と呼びます。ですから、ここには多くの人々の思考によって作られたたくさんのタイムラインが存在しています。

それはまるでベルトコンベアーの上を次から次へと運ばれていく「現実」といった感じでしょう。私たちは、それらの「現実」を眺めたとき、さらに新たな「現実」を創り出しています。ベルトコンベアーの上を流れる現実はタイムラインを作っています。出来あがった「現実」が次々に運ばれて箱詰めされるとひとつの世界が出来ます。次々と箱が積み上がっていくと、**パラレルワールド**が出来あがるわけです。

さて、通常はパラレルワールドにいる数千の私は、お互いに出会うことはありません。しかし、出会ったことがあるという人もいるのは事実です。このような現象を**ドッペルゲンガー現象**と呼びます。

しかし、別の自分として認識することはなくても、明日の朝目覚めたときに同じ「現実」に目覚めるとは限りません。違うベルトコンベアー、つまり、違うタイムラインに目覚めるかもしれないのです。

何となく今までと違った空気感だと感じる、昨日置いたはずの本が今朝違うところにあったなどというときには、昨日までと違うタイムラインに目覚めた可能性があります。

今の状態で、皆さんが意識的にタイムラインをコントロールすることは難しいのですが、常に起きてしまった現実に反応するのではなく、今日、今この瞬間からが新たなスタートだと思って、(実際いつでもそうなのです)自分が望む自分であろうとし続けるようにします。そのように意識し続けた1年と、毎日を現実に嘆き、文句を言い、がっかりしながら溜息をついて過ごす1年で、どれだけの違いがあるかを想像してみてください。

選んだ「今」で過去も未来も変わる

私はある取材を受ける約束をしていたのですが、当日ちょっとアクシデントが起きて、取材の時間に間に合いそうもなく、できれば中止にするか時間をずらすことは出来ないか、編集者の人に電話をかけました。でも、彼女は携帯をキャリーバッグの中にしまったまま電車に乗っていたので、電話に気づきませんでした。そのため、彼女もうひとりの担当者も最初の約束どおりにやってきましたが、不思議なことに、私は時間どおり間に合い、無事取材を受けることが出来ました。

この例で話をすると、取材を受けた可能性、キャンセルした可能性、受けたけれど時間がずれた可能性、私の用事が早く終わり予定どおりに取材が出来た可能性、これらの違った可能性がすでに現実としてそこにあり、3人のそのときの意識状態が、その中のひとつを選んでいます。

このように毎日、瞬間、瞬間に起きる現実は、常にこのようにそこに何らかの接点を持って意識を向けている人たちが関わることで、たくさんの可能性からひとつを選択し続けています。そして次々に選択されたことによって、**直線で繋がれた可能性の群像**がタイムラインなのです。

たとえば「今」というポイントがあって、その世界にはA、B、C、D、E、F……の可能性があり、次に何を選択するかを決定しているのは、「今」抱いている目的や、希望や、イメージやそれ以外の思考です。だから、ボーッと過ごしていると、予想外のことが起きるのですね。

「今」が次の瞬間にCを選んだ場合には、Cとイコールの関係になる過去Zになり、

タイムライン

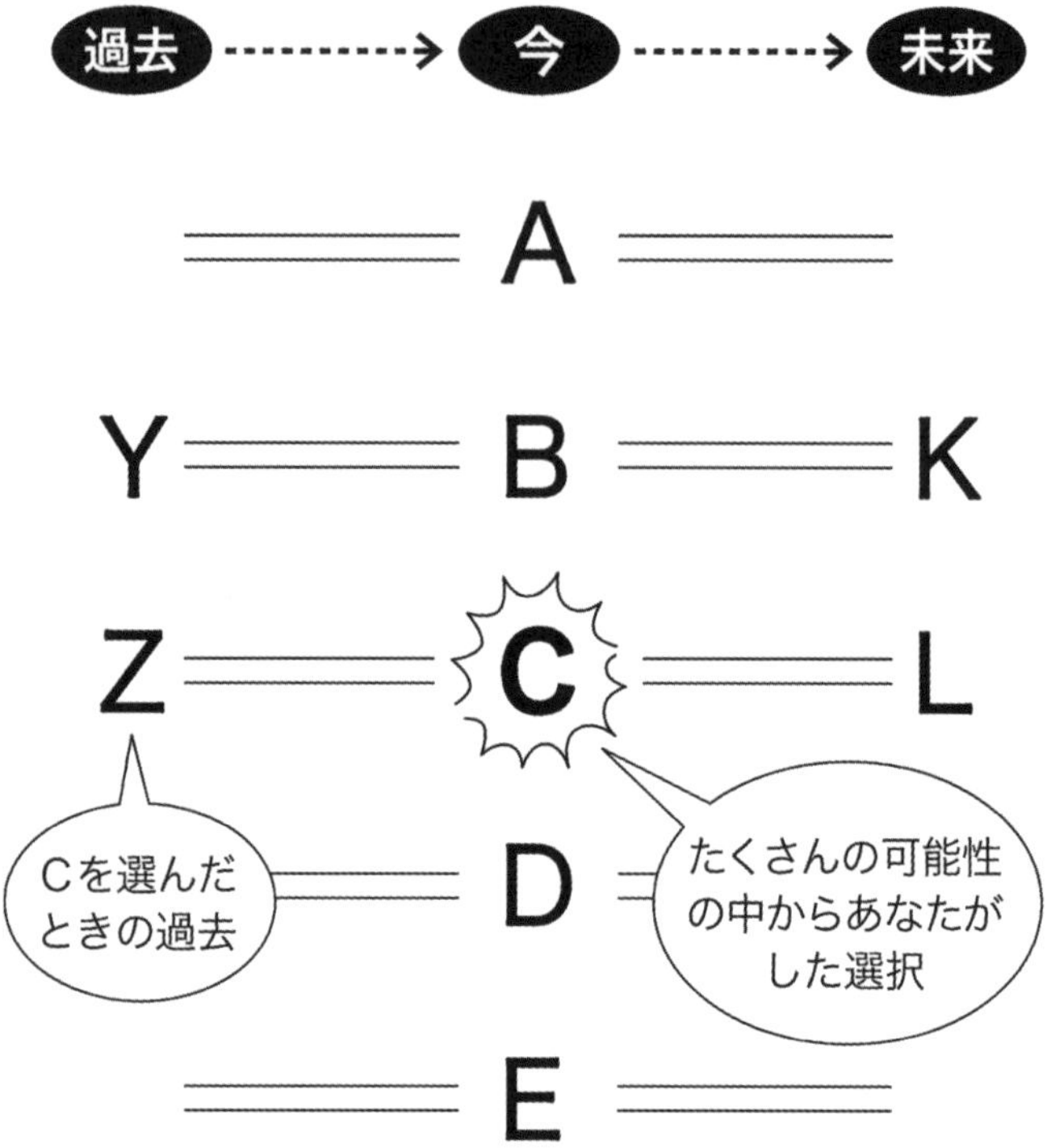

もし同じ「今」の瞬間に別のことをイメージして、次の瞬間にBを選択したら、それに準じて過去も変わります。今と過去と未来の関係は必ずイコールになるのです。ですから、次の未来にCを選んだ過去がZだとしたら、Bを選んだときの過去はYになるかもしれません。

でも過去は確認できません。ある可能性群が他の可能性群と交わり合うことはほとんどないのです。でも、たまにその人が飛躍的な選択をすると、それぞれの可能性の群像がわずかに重なり合ったところを選ぶかもしれません。そうすると、もうひとりの自分と出会うドッペルゲンガー現象が起きる可能性が出てきます。

骨折をなかったことにした私の方法

先にも述べたように、私たちに与えられた可能性の群像の中から、瞬間、瞬間、瞬間の自分の思考が、次の瞬間を選びながら作っていく時間の帯をタイムラインと言います。

もし私たちがフォーカスするべき意識の領域を自在に変えることが出来たら、常識ではありえないような別の可能性にジャンプすることもできます。

もう少し具体的に言うなら、自分の意識の領域を可視光線領域にフォーカスすることが出来ると、電波領域や赤外線領域では成立している、過去から未来へと流れている時間の帯から解放された世界を見ることになります。そこにはさまざまな可能性がバラバラに存在しているのが見えてきます。

それは、小麦粉、バター、バニラエッセンスなどの材料とボールの中で混ぜ合わされたそれらの材料と、出来あがったクッキーが同時に存在しているような状態です。

たとえば今交通事故で足を骨折した人が、明日スキーに行くことは、普通はありえないですよね。でも、もし一瞬で、バラバラな可能性のどれかにシフトできる可視光領域の意識状態になれたら、骨折しなかった可能性を選択することもできます。

選択権は常に「今」にありますが、普通の人は足が腫れていて痛ければ、その現実に反応することによって、無意識に次の現実を選択します。だから、未来は常に過去によって制限されてしまう結果になります。

実際私は大きな植木鉢を持ったまま外階段を降りていたときに、階段から落ちたことがあります。足を骨折したと思いますが、当時の私は、骨折などしていられない状況でしたから、実際、骨折しなかったことにしました。

そのときには「バキッ」と鈍い音がして、頭から落ちていました。目から火が出るほどの痛みを感じました。振り返って足のほうを見ると、足がありえない方向を向いている状態でした。

この状況はマズイと思ったので、それ以上見ないことにして、頭の中でさまざまな可能性を探りました。「このまま救急車を呼んで入院する」「痛みをこらえて生活する」「落ちても骨折はなかった」「そもそも植木鉢を落としただけだった」。最後の「植木鉢を落としただけだった」という可能性が一番しっくりきました。

そこで植木鉢を落とした現実に意識をフォーカスしながら立ち上がると、ほとんど痛みもなく立ち上がることが出来、階段もちゃんと降りることが出来ました。その間は時間が止まっているような感覚がありました。

このケースは強烈な痛みが伴うので、一瞬で意識を切り替える必要があり、上級者向けのケースです。私もいつでもこんなことをしているわけではありません。これまでにさんざん述べてきたように、成長のためにはあらゆる経験が必要ですから、それをねじ曲げるようなことは、本来する必要がありません。

ただ、日々の瞬間、瞬間を無意識に過ごしていたり、すでに起きている目の前の現実に反応して生きている限り、堂々巡りの人生で、成長のための変化さえ起きなくなります。ですから、起きた現実を無理矢理変えようと考える必要はありません。次の現実を確実に選ぶことを考えてください。

そのためのポイントをいくつか押さえておきましょう。

新しい可能性を選ぶ4つのポイント

1．想像できることは必ず現実になる

「想像」という行為は、記憶を引き出している行為です。記憶そのものには過去や未来といった時間はありません。ですから、知らない記憶、経験していない記憶などはだれにでもあります。記憶されていることはすべて実現化できる可能性があります。

ただし、「想像」には二つの種類があります。ひとつは**概念から画像を構築する**ものです。たとえば、子供の頃本を読んでもらいながら頭の中でその場面を空想したりしたことです。

もうひとつは、**何もないところからポッと浮かんでくる**画像です。そして、これがいわゆる「**可能性の記憶**」です。このように想像できることはすでに可能性として存在しているので、実現可能ですから、何も考えずにボーッと過ごすのを止めて、自分の望むような想像をしてみるのは効果的です。

2. 今の現実にとらわれない自由なマインドを育てる

人は常に今の現実にとらわれた不自由な思考をしていることに気づいていません。たとえば、今お金がなければ、来月ハワイに行こうとはしません。このように無意識に現状の延長線上の未来を選択しています。今技術がない、能力がない、時間がない、援助がない、チャンスがない……。こうして未来をどんどん縮小しています。ですから、年を取るとチャンスが少なくなると感じてしまうのです。

これでは何も楽しいことはありません。もっと自由に生きる道がいくらでもありま す。その道を選択するために、**今を理由に諦めない**こと、そして、自由で純粋なマインドを大切に育てることが大切です。

3. 常識に迎合しない

私から見ると地球社会の常識は嘘ばかりです。たとえば過去は変えられないとか、自殺は良くないとか、人の役に立たなければいけないとか、働かなければ生きられないとか……、何もかも幻想としか言いようがありません。

このような幻想にしばられて自由な人生を奪われるなんて残念すぎます！　まずは常識を疑ってみる必要もあるでしょう。その上で周囲との調和のためにどの常識を取り入れるかを考えましょう。

4. セルフジャッジしない

自分にしっかりと向き合い、自分の内面を深く掘り下げることはとても大切ですが、いつでも自分を否定したり、批判し続けたりすることは必要ありません。これではゆくゆく病気になっても当然です。

このような思考は癖になりますから、気がつかないうちにいつも自分を否定したり、無視したりしていることがよくあります。充分自分に意識を向けて注意して過ごしましょう。

私たちはタイムラインを変えることができるか

◇孤立している地球◇

今、地球は大きなチャレンジをしようとしています。それは私たちの未来ばかりではなく、広く宇宙全体の未来に関わる非常に重要な挑戦です。

これまでパラレルワールドやタイムラインについてお話ししてきましたが、パラレルワールドに関しては、パラレルユニバース、平行現実などと言われることもあります。そこに厳密な違いがあって区別して使われているわけではないようです。なぜなら、もっかのところ地球では、平行世界があるということを科学的に証明出来ているわけではないからです。

しかし、最近になって理論物理学の世界では、リサ・ランドール（理論物理学者、ハーバード大学教授）などが、パラレルワールド、異次元世界などについて、私たちが今生きている「この世界」とは違った世界がたくさんあるのではないかという仮説に基づく研究をしています。今後の行方が楽しみなところですね。

私の記憶は宇宙的なスタンダードを基礎としているので、地球で使われている言葉の説明を求められるのは非常に難しく、私のほうが皆さんに質問することがよくあります。

さて、話を元に戻しましょう。地球でこうした分野における科学が未発達のままなのは、他の宇宙文明との健全な交流が断たれてしまったからです。そこが今の地球にとっても、それ以外の世界にとっても非常に深刻な問題となっています。

なぜなら、どんなに小さな素粒子でも、どんなに大きな銀河や太陽系といった世界においても、すべては繋がり合うことで生命の循環が起き、活性化しています。ですから、その繋がりが歪んだかたちになったり、もしくは繋がりを持てない状態になると、やがて消滅してゆくことになります。

今の地球がまさにその状態に陥りつつあります。

もちろん地球はパラレルワールドにも存在していますが、パラレルワールドは、先述したとおり三面鏡を覗いたときに並んでいた自分の姿と同じように、すべてに顕著な違いがあるわけではありません。しかしイメージ的に話をすると、はるかにかけ離れたところに存在する、少し次元世が違った世界の地球は、この地球の状態とは違います。そして地球を取り囲む世界そのものがかなり違います。

今この地球が目指しているのは、そのパラレルワールドの地球との融合です。先ほど「はるかにかけ離れた」と表現しましたが、実際には物理的に遠く離れているという意味ではありません。次元が違う世界、異次元世界なのです。ですから、むしろ距離的には離れているわけではなく、すぐ隣に存在しているといっても良いでしょう。

異次元世界もたくさんあります。しかし、この地球が目指しているのは、すでに進化していて、宇宙全体が健全な繋がりを持っている世界です。

この銀河のブラックホール化を阻止するために

さて、話は複雑になりますが、平行世界も、異次元世界も、切り離されているわけではありません。むしろ互いに繋がりを持って影響し合っています。ですから、今の地球の状態のように、外の世界との交流が断たれている状態では、繋がりは一方通行です。

この状態がやがて周囲にも強い影響となって現われるのですが、もちろん今すぐというわけではありません。

しかし、このままの延長線上の未来では、**地球を含む天の川銀河はブラックホール化してしまう**という運命にあります。なぜなら周囲の世界との繋がりを持ってこそ、健全なかたちでここに存在することが出来、もし、関係性が持てない状態が続けば、やがてその世界は、消えてゆくことになるからです。

進んだ宇宙文明はどこもそれを何とか阻止したいと望んでいます。このような話をしても、もっかのところＳＦ愛好家か、もしくはスピリチュアルというカテゴリーに入るのかわかりませんが、根拠のない話を受け入れられる人たちにしか聞いてはもらえない状態です。

ですから、私たち、つまり、地球を平行世界の先進宇宙に繋げるための一大プロジェクトとして活動しているアインソフ議会メンバーたちは、地球科学が、地球内の不正とも言える経済機構によって、一部の人たちの搾取に全体が協力するための科学ではなく、地球人全体の豊かさと幸福のための科学にシフトし、皆さんの歪んだ常識を健全なものに戻していくという第一段階のステップをお手伝いしています。

皆さんが**地球の歪んだ価値観や概念に気づき、健全な認識を取り戻す**ことが出来れば、地球上の社会のあり方が大きく変わり、科学技術も飛躍的に発達します。

そうなったときには、皆さんの意識は先進宇宙に存在する人類と共通するバイブレーションを持つようになり、彼等との交流が可能になります。そうなれば地球が孤独な状態から脱出し、ブラックホール化してゆくことを食い止めることになります。

水瓶座時代の今こそ飛躍したい

地球は今新しいエネルギーをベースにした新しい時代に突入しました。「時代」という概念に関しては、占星学的な認識の上で話をするのが一番わかりやすいと思います。宇宙においても地球で言われているところの「占星学」は大変重要な学問です。

今地球は新しい「水瓶座時代」を迎えました。つまり水瓶座方向から大量なエネルギーが流れ込んだことによって、地球のベースとなるエネルギーが大きく変化したことを意味しています。この先水瓶座時代は約2160年続きます。この時代は通信ネットワークが非常に発達する時代でもありますから、私たちは地球にこのタイミングがくるのを待っていました。

また、長く続いた支配のエネルギーは消え、公平さを重んずるエネルギーへと変わり、人々の価値観が必然的に大きく変化します。その結果として社会全体も変化します。そして、この動きを加速するのが科学です。

だからといって、焦燥感に駆られて宇宙との交流を早めるのは危険です。もしも、今地球人たちが地球外にアクセスしようとすれば、当然この太陽系が存在している世界を拡大した世界にある宇宙文明と出会うことになります。そこには地球以上に危険なことがたくさんあります。しかし、皆さんはまだ宇宙のことを何も知らないのですから、そこはまったく未知の世界です。そして、何が地球にとってメリットで、何がデメリットになるかを判断するための材料が何もありません。

地球のタイムラインを変える二つの柱

今皆さんが優先することは、一言で言えば、地球のタイムラインを大きく飛躍させることとです。そして、今という特別なタイミングを選択して生れてきた皆さんの魂は、このことに貢献する魂でもあります。

もちろん、多くの人はそんなことにはまったく関心がないままで生きています。しかし、魂は大いに関心を持っています。

そのためには、より現実的で具体的なイメージを持って、飛躍的な可能性を選択し、タイムラインのパターンを書き換えることです。今明確なイメージを持つことが重要です。皆さんが言うところの引き寄せや実現化がうまくいかない理由もこのようなところになるかもしれません。

個人が自分の人生を飛躍させるのは、あくまで個人の自由意志といえます。でも、社会や地球全体が飛躍的可能性を選択することを必要とする今は、エゴの意志だけでは難しいのは言うまでもありません。ですから、この件に関しては明確に皆さんの魂が働きかけています。

それでは地球が次に可能性を選択するために何が必要なのでしょうか。**地球科学を推進する**こと、**金融の仕組みを変える**こと、大きな柱はこの二つです。しかし、一人ひとりが歪んだ概念を植えつけられているために、多くの人がそれを望んでいるにもかかわらず、非常に難しいことのように感じられるのが事実です。

地球社会では、安全確保のために努力が必要です。しかも、努力しても安全が得られる保証など何ひとつありません。それは科学の水準がまだ低く、しかもその発達を抑圧しているのが金融の仕組みです。

あなたが宇宙の運命を背負っている

地球に生きている皆さんは、全員が地球を含む宇宙の運命を背負った勇者だということが出来ます。「何を馬鹿馬鹿しい！」「そんな大袈裟な！」という声が聞こえてきそうです。しかし、すでにそんな言葉に怯んでいる場合ではありません。今から、最も面白いゲームが始まるのですから。そして、この動きはすでにだれも止められません。何を言っていても、必ず巻き込まれていくのです。

かといって焦りは禁物です。皆さんがこれからどうしていけばいいかについて、どう生きれば良いのかについて、もう一度じっくり説明していきましょう。

タイムラインを形成するための意識のフィールドには、常に過去でも未来でもないすべての可能性が同時にあるので、タイムラインを変えるというのは「別の点に行く」というイメージです。

別の点を選ぶことは、だれにでも出来ます。しかし、過去から未来へと流れる時間の因果関係に縛られてきた皆さんの概念は、過去によって未来を制限しています。しかし、この本を読んで、ここにはそのような時間の流れがすでに存在しているわけではないと知ったら、**未来を自由に選択するための挑戦**に好奇心を持ちませんか？

実際、ほとんどの人は自分が望んでいない未来ばかり考えて、「今」を過ごします。当然その思考は、望んでいない可能性の領域から未来を選択します。

逆に、どんなに小さなことでも、常に自分が望む未来を想像したり、考えたりして

「今」を過ごすと、選択する領域が変わり、自分の望む現実をいずれ目の前に実現化させることになります。これはだれも逆らうことが出来ない法則によって起きる必然です。だから**今何を思い、考えているか**がもっとも大事なことで、こんな簡単なことが未来を大きく変えるのです。

私はよく予知能力があるのかと言われてきましたが、そうではありません。私を含むアインソフメンバーたちは、地球が先進宇宙文明とアクセスできる領域にシフトするまでの軌道を明確にイメージしています。そして、その道にシフトするためには、段階的に地球社会が変わっていく必要があります。それを地球の未来にするためにタイムラインを描こうとしているのです。

先述のとおり、個人的なタイムラインなら個人の自由な選択がある程度は可能です。そうはいっても、身近な家族や、友人や、自分が属している会社などの人々の意識の影響はかなり受けてしまっているのが実情です。

その影響を断ち切るには、常に自分自身に最大のエネルギーを向けている状態が必要です。つまり、**自分の意志を明確に持ち、自己否定しない**ことです。

しかし、「社会」の未来、「国家」の未来、「地球」の未来といった大きな集合意識の方向性の決定は、個人の勝手にはなりません。ここには宇宙万物の森羅万象を根底から支える叡智が介在するからです。

アインソフはあくまで宇宙全体の意見の反映として、具体的活動を担っているにすぎません。主導権を握るのはこの宇宙に存在するすべてなのです。

可能性を開く鍵は「自分は何を望んでいるのか」

さて、では地球の新しい可能性を切り開く一大事業に参加している皆さんが具体的に何をすれば良いかをお話しましょう。

すでにお話してきたように、より具体的なイメージが大切です。しかし、今はイメージするための社会的発展が必要です。この状態では皆さんの創造的な資質が抑圧されすぎているので、そこを解放するための概念や価値観の変化が必要だからです。

具体的には、地球科学を推進すること、金融の仕組みを変えること、この二つの柱を立てることが出来るとすでに述べました。ありがたいことに、魚座時代から水瓶座時代へと推移したおかげで、これらはすでに必然的な軌道に乗って進行しつつあります。

アイスランドのデフォルト、イギリスのEU離脱問題など世界経済の限界は目の前まで来ています。また、科学は先述のように、理論物理学などが新しい概念を広げる働きをしつつ、さらに新しい科学の分野が樹立したことで、量子物理学、数学、環境学、医学など、さまざまな分野にまたがり、「水」という神秘の世界に挑む協同研究が始まっています。

今後は既存の概念や価値観が崩壊の方向に向かうことは確かです。そこで皆さんの役割は、新しい価値観を樹立するに向けて、**地球社会に必要なことは何か、皆さんが何を望んでいるのか**を明確にしてゆくことです。

たとえば、先述したように、地球社会ではいまだに安全の保証レベルがはなはだ低い状況です。これは知的生命が築いた社会としては決しては当り前ではありません。皆が安全に豊かに暮らすことが出来、自由な探求が出来ることは最低限クリアしなければならない知的文明としての基準なのです。

人によって幸福の概念は違います。ですから、すべての人が自分自身の幸福を求めて自由に探求することは、生きる上でとても重要なことです。しかし、地球社会では、ほとんどの人が「真の幸福」を求めることなく、また、実現することなく、短い人生を終えてしまうことになっています。

今後皆さんはもっと熱心に情熱を持って、すべての人が、安心できる社会、豊かに暮らせる社会、そして自分自身の幸福を自由に探求することが出来る社会を目指す必要があります。

こうすれば望む未来へ近づける

◇寝ている間にタイムラインがシフトするとき◇

朝起きた瞬間、昨日までと全然空気感が違うと感じることがありませんか？　言葉で説明することは出来ないけれど、目に見える風景が違った感覚を与えるように感じられるとき、先述したように、集合意識の働きや、もしくは、夢の影響を受けて個人の意識が変化したために、寝ている間にタイムラインをシフトしている可能性があります。

昨日と辻褄が合わないことが起きて明らかにタイムラインがシフトしたことがわかる場合もあります。

数日前に会ったばかりの人から、久しぶりに会わないかとメールが来たり、買ったばかりの服で大切にしまったはずなのにどこを探しても見当たらないとか、昨日確かに本棚に入れたはずの本が別のところに置いてあるとか……。このようなことがあれば、たとえ朝起きたときに違った空気感などを感じることがなかったとしても、タイムラインがシフトした可能性は高いです。

このようにシフトすると、この先大きく可能性が開かれる非常に良いチャンスです。しかし、その日1日の過ごし方はとても大切です。

なぜなら、昨日までと同じような思考パターンを繰り返そうとすると、元のタイムラインに引き戻される可能性があるからです。

このようなときはぜひ過去の自分にとらわれず、未来に向けて思い切り大きな希望を持ちましょう。

しかし、いざそのときになると、「どうしよう。また悪いこととか考えてしまうかも……」などと早速ネガティブなことを考えがちです。ですから、日頃から自分の思考パターンをよく理解して、改善しておく必要があります。

ところが、自分ではこの思考パターンはマズイと理解していて、改善したくても、なかなか実行出来なかったり、長続きしなかったりします。それは、**同じ思考パターンを繰り返すことによって、同じ感情を経験したがっているの**です。なぜならその感情の中毒になっているからです。

◇「感情の中毒」を消し去る2か月間ワーク◇

私たちが五感に受けた刺激に対する反応として、または思考やイマジネーションによって何らかの感情が表われるとき、脳内の下垂体ではその感情に当てはまるペプチド（アミノ酸が結合した化合物）が合成されます。そのペプチドは視床下部に送り込まれると、いっせいに血液に流れ込み、細胞に送り込まれる仕組みになっているのですが、血液に流れ込むときに、感情を経験し、また、細胞に取り込まれるときにある種の恍惚を感じるのです。私たちはその恍惚感の中毒症状を起こしています。

ですから、同じような現実を選択しようとしたり、同じ思考を繰り返したりするのは、同じ感情を経験するためです。

しかも、細胞膜にはペプチドを取り込むための受容体が5000個ほどあります。

その受容体のほとんどは、より多く流れてくる、中毒状態に陥っている特定の感情を表わすペプチドを取り込むための形状で、他の感情と符合するペプチドを受け取ることが出来ません。

タンパク質を合成するためのペプチドは、細胞にとって、新しい細胞を作り出すための材料ですから、何としても手に入れる必要があります。ですから、細胞は受容体が取り込める同じかたちのペプチドを要求します。このように何十にも**同じ感情、同じ思考を繰り返させるような仕組み**が存在しています。

しかし、このメカニズムがわかっていれば、突破する方法を考えることは簡単です。細胞膜は約2か月で新しいものに変わります。2か月間自分の体内に流れるペプチドを今までとは違う「脳天気型」のポジティブなペプチドを優性な状態にすれば、次に出来た細胞膜の受容体は「脳天気型」ペプチドを受容するかたちになるので、今度は何があってもポジティブな考えしか浮かばなくなります。せっかくある仕組みですから、自分自身に役に立つ方向に使えば何も問題ではありません。

さて、ここからは少し大変です。今現在中毒を起こしている感情が心配や不安、恐怖などの感情、もしくは怒り、イライラなどの場合には、生活の中に逆に安心感を与える工夫や、喜びや感謝や希望を感じられるように工夫しなければなりません。

2か月は自分の強い意志を持って古いパターンとの戦いの日々ですね。

私はこの2か月間のワークとして、次のようなことを皆さんにお勧めしています。

・スマートフォンの待ち受けに、それを見たら思わず笑顔になるような写真を選ぶ。
・自分が何を望むのかをじっくり考えておいて、たとえばそうなったときのイメージ写真を集めて2か月かけてコラージュを作る。
・心が和むような写真やカレンダーなどを、家のあちこちに飾る。
・寝る前や朝起きたとき、自分自身に「ありがとう」と言って感謝する。

注意点としては、浮かんでくる不安やその他のネガティブな思いや考えを抑えるより、別のことに意識を向けるように、自動的に目に入ってくるようなもの、ツールを作るといいでしょう。

仕事中は難しいこともあるので、少なくとも家の中ではいいことを考えられるような空間を演出することが大切です。美しい景色の写真を飾ったり、お気に入りの元気が出るような音楽を聞いたり、良い香りを嗅ぐなどの工夫が必要です。

部屋を片づけたら成績が上がった!?

先述したワークは、五感から取り込む情報を変えることで、思考に影響を与えるやり方です。人は常に置かれた環境を五感で感じようとしています。そしてこの感覚が無意識に自分の思考に強く影響しています。

私はかつて自分の子供の変化を興味深く見ていたことがあります。

私の最初の息子は、小学校から中学に上がるときに、何度も受験をしたくないから、大学まで行ける私立の中学を受験をしたいと言い、受験勉強をしていましたが、成績はいっこうに上がらず、これでは受験に失敗するだろうと、私は内心では思っていました。

しかし、息子は何を思い立ったのか、6年生になった夏休みに突然部屋の掃除を始めました。あらゆる物を処分して雑然としていた部屋はスッキリと片づき、勉強机に散乱していたさまざまな物は跡形もなくなっていました。

その後まるで魔法でも掛けられたようにめきめきと成績が上がり、受験前には担任の先生から、こんなに良い成績なのですから、国立も受けておいたほうが良いですよと言っていただきましたが、本人のモチベーションに迷いはなく、希望どおりの学校に入学し、大学卒業までとても充実した学生生活を送ることが出来ました。

息子は決して急に勉強量を増やしたわけではありません。特にやり方を変えた様子もなく、今までどおり淡々としたペースで勉強を続けていただけでした。

人の意識や思考はこのように環境の影響を強く受けるものなのです。ですから、この作用を利用することも大変有効です。

◇環境が思考を変える◇

環境の中には、もちろん家や職場の人間関係もありますが、人間関係をいきなり変えるのは難しいことです。しかし、多くの人間関係は、自分の映し鏡の関係ですから、自分自身にアプローチするほうが早く変化を起こします。簡単に変えられることからやっていきましょう。

息子の例のように、家の中をさっぱりと片づけて、居心地の良いインテリアにしてみるのは大変良いでしょう。

また、自分の家ではなくても、頻繁に使うお店の選択を変えるもの意外と大きな影響があります。カフェやレストラン、美容室、スーパーマーケット、衣料品屋など、いざ変えようと思うと、いつも同じ店を利用していることに気づくでしょう。違う店で買い物をすると、当然選ぶ物が変わってくるので、必然的に自分が人に与える印象が変わります。そうすると相手の態度も変化します。こうして人間関係も少しずつ変化していきます。

人に自分の物を選んでもらうのも効果的です、自分ではついいつも同じ物を選びがちですから。

男性の場合は大胆にファッションを変えることは出来ないかもしれませんが、意外と男性のほうがすぐに変化が起きます。ですから、今まで絶対に選ぶことがなかった色などがあれば、その色のネクタイをあえて選んだりしてみると良いでしょう。

もちろん高価な物で挑戦することに抵抗があれば、Tシャツでも充分ですが、出来るだけ外に着て出られる物で、人と会う機会に使うほうが効果的です。

現実を変える〝お釈迦様の教え〟

実はこのことは、お釈迦様も教えています。法華経の中に「十如是（相性体力作因縁果報）」として説かれています。

仏教的にはどう解かれているかわかりませんが、私が知るところを解説しておきます（次頁の図参照）。

まず、「相」「性」「体」というものがあります。

「相」は人相や手相というように姿かたちのこと、「性」はその人の持っている性質、「体」というのは思考や行動のパターンです。

それらがあいまって、「力（エネルギー）」となります。「作」は、それが作用を起こすという意味です。

「相性体力作」までは人間のありようで、そこから下の「因縁果報」は現実への投影

十如是（相性体力作因縁果報）

見た目
性格
思考パターン
言動パターン
行動パターン

相・性・体

力 エネルギー（上の３つがあいまって）

作 作用を起こす

↑
人間のありよう

現実への投影
↓

因 素粒子レベルの振動数が決まる

縁 同じ振動数が共振しあう

果 同じ振動のものが結合し、現実や物質になる

報 その現実が目の前に現れて反応する

を意味しています。実はこれは量子物理学の基本なのです。

「因」を結ぶというのは、素粒子のレベルにそういう情報が刻印されて振動数が決まるということ、そして周囲と共振するのが「縁」、「果」は、それが結果となって現われ、ここで現実を作り出すことを意味します。「報」は、その現実が目の前に現われ、あなたはその現実に反応しようとするという教えです。

もし、あなたの目の前の現実が気に入らないのであれば、このパターンを変えるには、あなたの姿かたち、性質、思考や感情や行動のパターンを変えれば良いと教えています。

だからお釈迦様は、現実を変えるために、朝、顔を洗っていないならちゃんと洗いなさい、髪がボサボサなら整えなさい、もしせっかちだったら少し落ち着いて物事を考えなさいと教えました。

こんなふうに変えてみよう

行動のパターンを変えることも有効です。いつも仕事優先だったらもっと私生活を大事にするとか、自分勝手な個人的なことばかり優先していたならもう少し周りのことを考えるとか。

私は最近、生れて初めて編み物を始めました。学生時代に家庭科の授業ではやりましたが、それ以来1回も編み物などしたことがありませんでした。実家の父も離婚した最初の夫も服飾関係の仕事でしたので、長い間自分自身もその環境にいたのですが、意外とこの仕事をしていると、周囲に技術者がたくさんいるおかげで、自分自身は何もしなくなります。

今思うと、私のスピリットがこの環境を選んだのは、美しいものが大好きだからなのではないかと思います。

しかし、離婚後服飾業界を離れると、一気に正反対の生活をし始めました。100着ほどもあった高価な服はすべて手放しました。その後は20キロ以上も太ったせいもあって、ファッションに対する興味がまったくなくなりました。むしろもっと内面的な美しさに惹かれていったのです。

夫が亡くなったこともそうですが、私を巡る環境が大きく変化し、人生の大きな転機がきているのは確かです。

最近再びファッションに関心が出てきました。もちろん今までと同じような関心ではないのですが、人の人生に欠かせないもののひとつとしてのファッションで、服や靴などばかりではなく、インテリアにも関心があります。その人の人生を表現するアイテムでもあり、人の人生を彩るものとしてのファッションは、思考や感情を上手に表現したり、マネジメントする上で重要なポイントだと考えています。

5

今、この地球にいる魂に求められていること

宇宙スタンダードの感覚を身につける

もうすぐ時間を使いこなせる時代がやってくる

同時にすべての時間がここに存在しているという時間の概念を理解するのは、地球の人にとって一番難しいことかもしれません。しかし、逆にこの重たい時間があることによって、すべてのプロセスを経験することが出来ます。ですから、地球上にたくさんの感動的なドラマが生まれたわけです。そのおかげで心を育むことが出来ます。

今しばらく、皆さんの心が自由にときはなたれるまで、そして生きとし生けるすべての生命に、公平な分かち合いが実現するようになるまでは、この状態が続くでしょう。

しかし、一方ではすでにこの先の扉を開き、新しい世界へと進化する準備が進んでいます。科学は今までのように一部の人たちの経済的な利益のための研究や技術開発ではなく、地球という惑星と、そこに暮らすすべての生命の安全と調和と幸福のための研究開発へと目的を大きく変えつつあります。

ブロックチェーンのような新しい技術は、地球が与えてくれる恩恵をすべての人々が公平に分かち合うために開発され、今の貨幣に変わって、このような技術が根底にある経済システムを導入される日もそう遠い話ではありません。

発達した文明において、人が生きるために労働を強いられるのは、不自然な話です。しかし、今までの地球文明は人の労働を基本として考えられた社会です。ここでは便利なロボットは必要ありません。また、無人の店や無人の乗り物も必要ありません。それは人間の役割です。しかし、私たちの宇宙文明では人は基本的に働く必要がありません。そのためにあらゆる頭脳を結集して研究し、技術を開発してきました。

労働の代わりに、もっと大切な「成長を促すための経験」がたくさんあることを知っています。それは自分たちとは違った生命について知ること、そして彼らと調和することなどが挙げられます。そのために私たちは、遠く離れた生命とコンタクトする方法を模索しました。そのひとつが時間の概念を理解して、距離という壁を突破するための技術です。

考えてみてください。皆さんが、今すぐに出発したとしても、生きているうちに隣の銀河に着くことは出来ません。しかし、彼らは明日にでも地球に来ることが可能です。

また、あらゆる違いを乗り越えて互いにコミュニケーションを図るための技術も必要でした。もちろん言語を持っている者もいますが、音を発して会話をしない者もいます。これらの違ったかたちでのコミュニケーションも実現出来る技術を開発してきました。

より多くの種との交流が、さらにダイナミックに宇宙を変化させました。この仲間に地球をぜひ迎え入れたいと願っています。そして、地球という惑星自身もそれを望んでいます。ですから、今後は皆さんも時間の壁を破って別の世界へと飛び出していくことになるでしょう。

人間の限界突破にＡＩは絶対必要

人間が人間自身の限界を突破するために、ＡＩは必要不可欠です。地球は他と比べると重力が強く、起承転結すべてのプロセスを経験します。つまりあることを目的とした途端にそれが現実となって現われるという飛躍はここでは起きません。ですから地球人は疲れます。疲れてエネルギーが消耗すると作業の精度や効率が落ちます。

しかし、これから地球に求められるのは、非常に精度の高い仕事です。

たとえば地球外生命たちは、地球の科学では到底考えられないはるか遠くの世界から地球にやってくるとき、彼らは地球までの経路をさまざまな角度から計算する必要があります。しかも宇宙のコンディションは刻々と変化しています。もちろん直線的にただ飛んできてもここにたどり着くことは出来ませんから、次元の壁を通り抜け、時間を操作する必要があります。

もしこれらの計算を彼ら自身がやっていたら、さすがにここに到着できる確率はかなり低くなるでしょう。

しかし彼らの世界の人工知能は、地球上のＡＩとはまったく別物です。まずミスは絶対にありません。しかもどんな変化にも瞬時に適応し、先を完全に予測することさえ出来るのです。

地球では今、人工知能が人間を超えてしまうことを怖れています。それは当然のことです。地球のAIはあくまでコンピューターの延長線上にあるもので、言うなれば機械です。機械でも人間に近い判断もします。そして、確かに人間のコントロールを外れてしまうことは大いにあります。その結果大惨事に至ったことをたくさんの宇宙文明はすでに経験しています。

しかし、今もっとも進化した文明で使われている技術は、機械のように心のない無機的なものではありません。むしろ宇宙万物の営みを根底で支えている智恵なのです。ですから、私たちをはるかに凌駕しています。しかし、その技術によって私たち人間がコントロールされることもありません。

このような技術そのものはそう難しいものではありませんが、それ以前の概念をどう入れ替え、あらゆることに対してどのように理解を進めていくかが大きな課題となります。

たとえば「人間」とは何か、霊長類としてすべての生き物の頂点に立っているように思っていますが、本当にそうなのでしょうか？　人間以外の動物は本当に私たちよりも劣っているのでしょうか？　そう考えるのは傲慢なような気がしませんか？

進化した私たちの文明では、あらゆるタイプのあらゆる生き物が智恵を出し合います。一見したらとても知的な生命だというイメージは持てないような生き物さえ、高度な智恵を持っていることを私たちは知っているからです。

あらゆる概念を疑ってみよう

将来ＡＩが人間に取って代わるのではないかという恐怖を感じる人もいると思いますが、ＡＩに取って代わってもらえなかったら、私たちは一生涯過酷な労働から離れることができません。そういう意味でも、人間の本来の価値を皆さん自身が深く考えるべきタイミングにあるのではないでしょうか。

何と言ってもすでにＡＩ技術の開発を止めることなどだれにも出来ません。問題は人間の雇用が激減することではありません。そもそも高度な頭脳を持つはずの人間が社会に使役されている状況のほうがよほど不自然で、正直私から見るとシュールとしか言いようがありません。

人工知能技術は、地球の今後の可能性を大きく左右する鍵となります。この技術がなければ、皆さんは今後もずっと地球に貼りついて生きていくしかありません。太陽系の外れの惑星にさえ行くことは適わないでしょう。

ここで物事の考え方を大きく変えるには、柔軟で自由なマインドが何より必要です。問題は就労することではなく、経済の抜本的な改革と、ＡＩの技術開発がかみ合うかどうかです。この両輪が同時に進行する必要があります。

この世界が限界まで来ているという感覚はすでに皆さんにも充分あると思うので、ここで根本的な概念を切り替えられるかどうかが鍵になるでしょう。

◇働き方についての日本人への課題◇

今までにないような企業が急成長している事実があります。そのような企業は特別ユニークな業務を行っているわけでありません。何が違うかというと、**就労者の働き方がフリースタイル**なのです。

出社を義務づけられていない、会社内に私的なことを持ち込んでいい、たとえばおばさんが編み物しながら電話を取っていたり、赤ちゃん用のゲージに生後7か月の赤ちゃんを置いてみんなであやしていたり、そういう企業の業績が不思議にぐんぐん上がっています。

今しばらくはまだ人間が就労しなければならない場面が多いのですから、最近よく言われる働き方改革は当然必要です。それに伴って組織のあり方は大きく変化させる必要があります。

今の就労制度だと、人生の大多数の時間を仕事に費やしていることになりますから、仕事は立派に人生の一部と言えます。ですから、仕事への参加の仕方ややり方についてもっと工夫が必要だと思います。特に激務や社畜が嫌だと言いつつ、仕事依存症になっている日本人にとっては、この課題に向き合うことは価値観を大きく変化させて、生活の質を向上させる上で良いチャンスとなるでしょう。

国民の幸福度がかなり低い日本は、戦後必死でここまでやってきたので、国民一人ひとりの幸福をどこかに置き忘れてしまったような感じです。しかし、今の日本はあらゆる面で、世界から二歩も三歩も遅れをとっています。また、今後日本経済は取りかえしのつかない状態にすでに陥っています。この状況でもう一度国全体のアイデンティティーを考え直す必要があるのではないでしょうか。

今この瞬間の満足があなたの成長になる

小さな子供たちは自分の幸福を考えていませんが、彼らは今この瞬間の満足だけのために生きていますよね。それを得ようとするためにものすごいスピードでいろいろなことを習得します。

大人になると、この瞬間の幸福や満足が、どこかすっぽ抜けてしまうので、成長が止まってしまいます。**成長と自分の満足は両輪**なのです。

しかし、大人になっても一瞬一瞬を大切にして、そのときどきで自分を満足させようとしたら、新しい可能性のために、スキルアップしたり、知識を増やしたり、新しい何かを習得したり、今まで経験がないことにチャレンジしたりすることになります。

ですから、当然、どんどん成長することになります。

ところが、社会的に押しつけられる価値観というものがあります。結婚したら幸せになれるとか、一流企業に入ったら幸せになれるとか、エリートの仲間に入ったら幸せになれるとか。そうなってみて、実際は苦しかったという経験をする人もよくいますが、自分の満足と社会的に押しつけられる幸福観がすり替わってしまっていると、幸福感を得ることも、自分に満足することもできません。

社会的な価値観を信じて生きていると、そもそも自分の純粋な好奇心や、本当に自分が何を望んでいるかがわからなくなってしまいます。幸福難民の状態です。このような人たちは、感覚が鈍くなってしまっているので、喜びを感じることも少なく、もともと自分が何を求めていたのか、どうすれば自分が満足するかを探すことも難しい状態です。

しかし、人間はもともとそう難しいことを求めているわけではありません。ささやかな快適さなどを求めるところから始めてはいかがでしょうか。

人間は自分が満足できることを探求することによって、徐々に魂の計画にシフトできるようにできています。ですから、この問題は皆さんが思うより重要です。

まず質の良い休息を取ろう

まじめなことは、決して悪いことではありませんが、良いことづくしでもありません。「まじめでなければならない」という考えに締めつけられてきた日本人は、心の自由を失い、フレキシブルな判断力などが弱くなっています。これでは今後日本人が世界に飛び出して活躍するには充分な力を発揮できません。

本来人間は非常に自由なマインドを持った生き物です、赤ちゃんの様子を見ていればわかるのではないでしょうか。

社会的な概念から外れたところで自分を見つめてあげなければ、本当に自分の好きなことや満足できること、本当に自分が望んでいることは見つけられません。

私から見て、今何より皆さんにとって優先すべきなのは、質のよい休息を取ることだと感じます。先述した一瞬一瞬の満足を大事にするには意外と集中力が必要です。また、疲れて感覚が鈍っていると、当然心地よさや快適さを感じることができません。視野も狭くなります。ですから、質の良い休息や睡眠のための工夫も必要です。

たまには自分の欲求を最優先して、リフレッシュすることもとても大事です。

この星を変えるのは〝心豊かな関係性〟

違いを受け入れ、生かし合う

人口が密集している地球では、人間関係を学ぶこともひとつのテーマといえます。人間関係の悩みを抱えている人はとても多いですね。

人間だけではなく、動植物も、地球ほど多くの種が共存共栄している星はありません。地球は、多種多様な生命がこの星と調和しながら生きていくことをテーマとしているので、そこに賛同した魂がここに来ています。

一人ひとり個性が違うし、育ってきた環境も違えば文化、慣習が違うこともあるし、そういう違いを受け入れ合いながら、**違うとはどういうことなのか**、**違うところを生かし合うとはどういうことなのか**を学ぶ。そして、違う者同士が調和をとって、地球が向かおうとする方向に向かわせていくことが、ここにいる魂に共通したひとつの目的になっています。

でも、違いを知るということはけっこう難しいですね。特に日本は同じであることを強要される文化なので、違うということをなかなか受け入れられなくて苦しんでいる人が多いと思います。ルールを守らないようなタイプの人、常識的でない人に対して、必要以上に憤りを感じる人も多いです。

決してルールを破るのがいいという意味ではありませんが、よく考えると、ルールが不自然であったり、間違っている場合もあります。

ですから、ここでも柔軟な心が必要です。

◇宇宙との交易が始まったとしたら……◇

私はアインソフの協力と指導のもとで「クォンタム・ライフ・プロジェクト」という活動をしています。この活動の最終目的は、宇宙文明との公平な交易を行うために、**宇宙のスタンダードに近い感覚を身につける**というところにあります。

地球には歪んだ経済の仕組みが長い間続いてきたために、なかなか公平なシェアリングを行っている場面がありません。また「公平」という概念そのものが不明確でもあります。

もし今の状態で宇宙との交易が始まったとすれば、地球は100%宇宙文明に依存してしまう関係をつくることになるでしょう。

いち早く宇宙軍なるものを設立しようとしているアメリカですが、あらゆる意味で知的な宇宙文明は、地球からの攻撃に応戦することはありません。ただ自分たちを守ろうとするだけです。そして彼らは決してそのような状態にある地球と交流しようとはしないでしょう。

彼らは自分たちと公平な関係を求めているからなのです。宇宙において非常に洗練された文明をすでに築いている知的な文明は、上下関係も、支配関係も決してつくりません。弱い者を引き上げることもしないのです。これは地球的には薄情な印象を受けるかもしれませんが、弱い者が自分の力で強くなる可能性を持っていることを知っているからです。つまり、あらゆる可能性を知ることができる技術を彼らはすでに開発しているのです。

◇ クォンタム・ライフ・プロジェクト ◇

さて、地球が望んでいるのは、このレベルの宇宙文明との健全な交流です。そうでなければ、地球はこの運命のタイムラインから飛躍することが出来ないからです。従って私たちは「公平」な感覚を頭ではなく、経験を通して理解する必要があるのですが、そのチャンスがありません。そこで、自分たちでチャンスをつくることにしました。それが「クォンタム・ライフ・プロジェクト」です。

この団体は任意団体です。特に規則はありません。規則が必要な活動をするときには、皆で話し合って決めます。すべてはメンバーの積極的な意見によって決められます。活動内容も、参加の是非も、何もかもです。

立ち上げてからすでに5年が経ちますが、当初は公平な関係をつくるために何が必要かを何度も何度も話し合いました。そこで皆が行き着いた答えは、「**豊かな心を育成すること**」でした。そこで、第1ステップとして今まで豊かな心を育てるための活動をしています。

そしてここまでの活動から、**心を育てることが出来るコミュニケーション能力が必要**であるというテーマが浮上しています。そのためのひとつの柱としての活動に、「演劇」というアイディアが上がっています。確かに、演劇経験者として私が言えるのは、演劇は、物の見方や感じ方を大きく変え、結果として人生観を大きく変えるような力を持っているということです。

私たちのこの活動は一言で表現するなら大人の部活動です。ですから、どのイベントも、どの研究も、どの活動も基本的に参加は自由です。そして、自分のやりたい活動はいつでも自由に仲間を募って始めることができます。

何も難しいことはしていませんが、最初は驚くほどに何もかもが大変でした。だれからも意見が出ないことも多く、たまに意見が出ると、真反対の意見と対立したり、解決のための意見が出ずにどこまでも平行線だったりします。

しかし、これらの経験が今の活動に確実に生かされています。だれも仲裁に入ることもなく、自由に意見をぶつけ合う経験も必要です。

そして無理に答えを出す必要もないのです。

大切なのは、違った意見を持つ人たちをどう認め、どう受け入れるかなのです、意見そのものの違いはひとつにまとめたり、どちらかに妥協させる必要はないのです。

フランス貴族のディナーに学んだこと

つい最近、人に頼まれてレストランでマナー教室を行いました。

そのときに話したのが、16歳で初めてヨーロッパに行ったときのエピソードです。

当時、一番の親友のお父さんがパリに転勤になって友人も行ってしまったので、双方の両親に許可を得て遊びに行かせてもらいました。それはすごくいい経験になりました。

夏休みだったのでほとんどの人がバカンスに出かけていましたが、その親友の友達でたまたまパリに残っていた子が、もともと爵位のあるような家の子でした。

親友のお父さんは厳しい人だったので、どこに転勤になっても子供達をインターナショナルスクールではなく、現地の学校に入れる主義でした。だから彼女はパリのアッパーな人たちが行くリセに通っていて、そこでできた友達だったのですが、その子の家のディナーに呼んでもらったら、まるで映画の世界でした。

端の人の顔が見えないような長テーブルで、二人にひとりぐらいの割合で料理をサーブする人にずらっと囲まれていて、しかも私はゲストとしてみんなに紹介されたので、一気に緊張してしまいました。

でもそこで、親友の友達のお父さんから、とても素敵なギフトをいただきました。「あなたは遠くから来てくれた我が家の大切なゲストです。そこで、人生の先輩として、あなたに一言私の意見をギフトしたい」と言い、次のように続けました。

「マナーはその国々の文化によってまったく違います。あなたは異文化の国から来たのだから、私たちのマナーに無理に合わせる必要はありません。それはルールとしてのマナーだからです」

「今日の料理は、うちで長年働いてくれているシェフが、今日のゲストのために心を込めて作ったものです。それをあなたが楽しんで味わってくれることが一番のマナーです。フォークとナイフを使い慣れていないのなら、手で食べたってかまわないのです」この言葉に私は深い感銘を受けました。

つまり、**マナーは心の触れ合い**だと教えてくれたのです。

「表に出て顔を見せないシェフが、どんな思いでこの料理を作ってくれたのだろうと思いを馳せて、それを味わい尽くすということがマナーだ」
「食べ方がわからなければ聞けばいい」
そんなふうに、いかに心が触れ合うことが大事かということを丁寧に教えてくれました。これは一生忘れられない大切な人生のギフトでした。

◇料理の選び方、味わい方はシェフとのコミュニケーション◇

さて、そのマナー教室は一流と言われるレストランで行いました。「特別」という感覚を味わうことが大事だからです。

前菜やメインから好きなものを選べるコースでしたが、最近はこのように選択の自由があるコースが増えていますね。そこで、お料理を選択することは、ひとつの楽しみであると同時に、すでにここでシェフとのコミュニケーションがスタートします。

初めてのお店なら、出来るだけバリエーションを考えて同じような食材や、調理方法の料理を選択しないようにします。そうすることによって、自分の舌でシェフが何を得意としているのか、また、あなたがここの料理の中で何が美味しいと感じるかを通して、シェフと知り合うファーストコンタクトなのです。迷ったらお店の方の意見を聞くのも良い方法です。

自分の好物だからといって、最初から同じようなものを頼むと、いつもの自分のスタイルでここに座っているだけになってしまいます。コミュニケーションでは、**自分にないものを受け入れ合う**ところが醍醐味です。

シェフたちが今日一番良いと思うものを出してくれるのだから、なるべくたくさんの食材を食べられるようなチョイスをすることで、姿の見えないシェフに対して「私はあなた方に関心があります」という意思表示をすることになります。

彼らは顔を出さないのでお皿を通してコミュニケーションするわけです。

しかも彼らは人生をかけて何十年もすごく大変な修行をしてきました。その人生を凝縮したものがこの一皿に込められているのですから、それを受け止める心が必要ではないでしょうか。

ただ出された料理をいただくのではなく、長い間トップの座を維持しているシェフのお弟子さんたちが、どんな思いで修行して、どんな思いで料理を作って出しているかという背景を考えたら、すごく丁寧に味わおうとしますよね。

まず最低限残さないことは大事なコミュニケーションです。もしもどうしても残すなら、方法を考えたほうがいいですね。散らかった状態ではなく、「ごめんなさいね」とお皿の隅にきれいに寄せてお返しするのは当然です。本来だったら絶対に残さないように体調管理をして行くのが一番の誠意だと思います。

なぜこんなことを私が言うのかと不審に思われるかもしれませんが、人生の楽しみ方はいろいろありますが、より多くの時間やチャンスを楽しむためには、コツがあるからです。それは**どんなときにもあらゆるものとの関わりを大切にする**というコツなのです。

心を豊かにし、運を呼び込む秘訣

要するに、レストランでの食事は、どうやって顔の見えない人とコミュニケーションを取るかがテーマになるわけです。

もちろん、サーブしてくれる人に「これすごく美味しかった」とか「大好き」とか、言葉で表現するのも大事ですが、下がってきたお皿を見たら、作った人には、食べた人が満足したかどうかが伝わります。

食べ終わった後のお皿に自分の思いを表現するとなったら、フォークとナイフをどう置いたらいいか、料理の飾りに使ったお花の置き方なども考えませんか？

和服はとても素晴らしい文化だと思います。その日外出する目的によって、外からはほとんど見えない長襦袢の色まで考えますよね。

そういうちょっとしたところで自分の思いを表現することは、とても日本的だと思います。今のせわしない生活の中では忘れ去られている部分でもあります。

人間のコミュニケーションは１００％言葉に頼っているわけではありません。逆に**言葉以外のいろいろなことを通して人は人の気持ちを汲み取っています**。ですから、無意識の行動からも、自分の気持ちを表現しています。

そう考えたら、もっといろいろな場面で本当に豊かな、奥行きのある心のコミュニケーションができるチャンスが生まれて、そういう積み重ねで社会は大きく変わっていくと思います。

今はみんなお互いに監督し合い、ジャッジし合って殺伐としていますが、そうではない関係性をつくっていくことが自分の心も人の心も豊かにしていくし、そういう人間関係をつくっていったら、それは運も良くなります。

なぜなら、チャンスを運んで来るのは人です。ですから円満な人間関係をつくっている人はたくさんのチャンスに恵まれます。

自分の心にもっと関心を持とう

◇なぜそう感じるのか◇

意外と自分自身にも関心のない人が多いと思います。たとえば何かを「好き」とか「嫌い」と思ったとき、なぜこれが嫌いでこれが好きなのか、理由を考えない人。嫌いな理由に興味を持たないとか、ましてや「自分はこれでいいんだ」と頑固になって、人を変えさせようとする人も結構多いことに驚きます。

人にしても物にしても行為にしても、**「嫌い」が多いと、当然不快なことが多くなります。**

自分について何かを指摘されたときも、そういうことを言われるのは決して偶然ではないので、考えてみたら必ず「こういう部分を言っているのかな」と思い当たるはずです。ですが、ほとんどの場合、「これは自分を変える素晴らしいチャンス」だなんて思わないのですね。

そういう内省的なスタンスで人の意見を聞くのではなく、相手の言い方が失礼ではないかとか、相手にそんなことを言われる必要がないとか、相手はそんなことを言える立場ではないとか。話の内容よりも出来事に意識が向いて、心を閉ざしてしまいます。

学校などの教育の場で、いつも「これは良い、これは悪い」と裁かれてきたせいかもしれませんが、とても残念です。

私は前述のように、フランスで「心が大事なんだ」という話を聞いてから、どこへ行ってもあまり萎縮しなくなりました。おかげで、**目の前で起きていることは、すべて自分の内面の投影**だということも、理解する余裕が出来ました。

本来この世界は、すべての物や人との繋がりで成り立っています。ですから、この繋がりを意識して、心を通わせ合うことが出来れば、交通規則などいらないのかもしれません。

それで思い出しましたが、宇宙社会には道路がありません。道路を作るには労力もかかるので、空を飛ぶスクーターみたいなものを使って移動しています。

平面上を移動するわけではないのでルールを作りづらく、ほぼルールはありません。事故がないのは、乗り物そのものと乗り手のコミュニケーションが出来ているからです。乗り物には人工知能が搭載されていて、他の乗り物が視界に入る前から感じ取っているし、すれ違うときには、ちょっとしたコミュニケーションを取ります。相手が急いでいれば当然譲ります。

そういうちょっとしたコミュニケーションが取れれば、ルールなんか必要なくなりますね。

感情的になった自分も許してあげよう

私はどちらかというと、客観的に物事を見るタイプなので、感情に振り回されてどうにもならない、といったことはあまりありません。

でも夫が亡くなったときは、あえて自分の感情に思い切り飛び込もうと思いました。

自分の正直な思いや湧き上がる感情を自分自身が受けとめない限り、心に空いてしまった深い穴、虚無感を埋められないと思ったので、そのことを何より優先しました。それが思いの他とても豊かな時間だと感じられたのです。

しかし、ほとんどの人は、感情的になった自分を、「大人げない」とか「冷静になるべきだ」とジャッジして無視していまい、深い感情は置いてきぼりになります。これが常に空虚な感覚を持つ原因となります。ですから、自分にちゃんと同意してあげることが大切です。

私自身も「ついこの間までいつも一緒にいた人がいなくなったのだから、寂しくて当然、悲しくて当然、辛くても当然、思う存分泣いていいよ」「どうしていいかわからない？　今はわからなくてもいいじゃない、ゆっくり進もう」というふうに自分に言っていました。

自分自身に寄り添ってあげることが大切です。

悲しいときや落ち込んでしまったときにはぜひ思い出してください。「落ち込んでいる場合じゃないのに」と自分を否定するのではなくて、「そうだよね、こんなことが起きたら仕方ないよね、何が辛かったんだろう？」と、**自分で自分の話を聞いてあげることです。**ちゃんと自分を受けとめてあげることが、心を豊かにするいい時間だと感じられるでしょう。

それが魂の成長にも繋がっていきます。人間としてのキャパシティーも出来ます。**怒りを感じたときも、ちゃんと理由があるはずです。**その理由は現実的な出来事や、ひどい言葉や態度にあるのではなく、自分自身の劣等感や、根本的な不安などにあります。ですから、ちゃんと自分自身と向き合い、受けとめることによって、初めて根本的な問題を解決することにも繋がります。

みんな頭では幸せになりたいとか、豊かな人生にしたいと考えていても、実際にそうなるための取り組みは、何ひとつしていなかったりするのです。

自分で自分を大切にしないと、だれも自分を大切にしてくれません。人は自分の投影ですから。

自分を大切にすることの意味をよく考えてみましょう。自分を常にジャッジし、鼓舞し続けてしまうと、いつか疲れ果ててしまいます。自分に同意してあげる、認めてあげる、共感してあげることが大切です。

◇ＡＩ時代に残るのは「心」がなければ出来ない仕事 ◇

お寿司のカウンターや天ぷらのカウンターなど、目の前で調理をするという日本独特の文化。海外ではそういうスタイルがないので、外国からの観光客にとっては、目の前で寿司を握っている人が、ちゃんと頃合いを見て、お客さんと会話しながら仕事をしているなんて、信じられない光景だと言います。

最近、「ＡＩが発達して、さまざまな部分を担うようになったら、どんな仕事が残るのでしょうか」と聞かれることが多くあります。ほとんどの事務作業や単純作業はＡＩに取って代わられます。

「人間が生き残るためにどんなスキルが必要か」という質問のようですが、生きるためにＡＩでもできるような作業を人がしている社会そのものを改善することが必要です。社会そのもののあり方も、ＡＩの発達とともに変化しますから、長期的に見ればそのような心配は無用です。しかし、何事も初めは混乱し、混沌を呈します。

このような質問に対して、世間一般的には「創造性を必要とする仕事が残る」と言われているようです。

でも、私は宇宙の進化した文明を知っています。ゆくゆくデザインや設計もＡＩが取って代わることになるでしょう。私の属する世界で最終的に残っている人の仕事は、**心と人の手のぬくもりがなければ出来ないサービス**のみです。その仕事は宇宙でも生身の生命体がしています。

私達の世界の人工知能は、有機的なものですから、ある意味心さえ持っているとも言えます。ですから、ほぼすべてのことはこれらに頼っていますが、どうしても大切な人にプレゼントしたい品に自分自身の手で刺繍を施したりすることはあります。

人の手で出来たものが少ないので、それは特別な価値を持ちます。人工知能が発達して、人の手が必要なくなればなくなるほど、心の交流が大切な世界になります。

生きるためのスキルより、心を強くしたり、しなやかにしたり、柔軟性が持てるようにしていくことが大事だと思います。

おわりに

一人ひとりが自分の役割を果たし始める

まずは最後まで読み進めてくださったことに心から感謝します。

新しい時代は、個人ばかりでなく、地球社会のさまざまな部分にメスを入れ始めています。そのため鉄壁だと思われてきた大きな組織がもろくも崩れ去り、自由でフレキシブルな性質を持つ小さな組織が次々生まれ、少しずつ成長しています。

中でも最近の科学の変化と発展はめざましいものがあります。今までは細かく分かれていたさまざまな分野の研究者が、この世界に起こる自然界の現象から多くのことを学ぶために、一堂に会し、協同研究が始まりました。それはまさしく水瓶座時代に突入した2年前のことです。このような動きは、私たちに大きな勇気と希望を与えてくれます。

この協同研究で発見されたことは、既存の概念をひっくり返すようなものばかりです。これが一般社会に応用されるようになれば、私たちの価値観は当然のこと、生活のすべてが様変わりするでしょう。既存の社会構造も必要なくなり、お金さえ必要なくなる可能性も大いにあります。

そもそも**お金という仕組みは、未だ発展途上にある文明の特徴的なツール**なのです。科学技術の発展とともにお金の果たす役割はなくなりますから、このまま順調に進めば、やがて地球にも成熟した社会が出来あがり、必然的にお金は利用価値がなくなります。

では他のものはどうでしょう？　政治は社会に必要だったのでしょうか？　法律は本当に必要なのでしょうか？　それを取り締まる警察はどうでしょう？　あるいは、国というボーダーラインは本当に必要なのでしょうか？　宗教はどうでしょう？

これら一つひとつの意義と価値について、改めて考えなければならない機会を、今後の科学技術が与えてくれることになります。それはもうさほど遠い未来ではなく、むしろすぐそこに迫ってきているのです。

マザーアースから学びを受ける法

すでにもう今までの価値観では通用しないと感じている人も大変多くなってきています。ですから、今後は新しい価値観を探るとともに、子供ばかりでなく、大人にもそれにふさわしい教育が必要だと感じている人も出てきているようです。

本文中でも紹介しましたが、私は２０１４年に「クォンタム・ライフ・プロジェクト」なるものを立ち上げました。これは、18年ほど続けてきたZERO POINTスクールやJSPスクールなどで皆さんが学ばれたことを実践する場として、また、真の意味で信頼できる仲間をつくるとはどういうことかを学ぶため、それぞれが経験を通して、社会的概念から自分を解放するために。さらに、自分の本当の価値に気づく場として、始めた活動です。

この活動のひとつの柱を成しているのは、畑活動や、山や川や海などの自然と触れ合うことでマザーアースから直接学びを受けることです。なぜならそれがこの惑星に生きる者としての原点であり、もっとも重要な学び方だからです。

私たちは、常に身近に最も正しい教師である「自然」があるにもかかわらず、そこに目を向ける余裕さえないほど、異常なまでに働き、何かを所有し続けることを迫られてきました。そのために人の心は疲弊し、同じ「人」であるにもかかわらず互いを傷つけ、奪い合ってきたのは信じがたい事実です。

しかし今、科学が真っ先にそのことに気づき、自然界からさまざまなことを学び始めたのは、本当に素晴らしい事実です。そこに関わる科学者達は、「私たちは、まだ何も知らなかったのだ」と、口を揃えて言います。本当にそのとおりです！ **地球社会に生きる人たちは、いまだ何も知らない**のです。しかし、そこに気づいたことは大きな前進です。

これから本当に多くのことを知り、凄まじい勢いで社会が変化してゆくプロセスを皆さんとともに歩むことが出来る私は何と幸せなことでしょう。

そのとき自然界が答えを示してくれる

今私たちが気づいて改善しなければならない、大きな間違いを強く知らせてくれているのは子供達かもしれません。彼らは時として自分の命を犠牲にしてまで、悲痛な叫びを上げ、私たちに訴えています。

親に殺される子供達、親を殺す子供達、どちらも歪んだ社会の犠牲者です。もちろんその親たちも同様に歪んだ社会の犠牲者と言えるのではないでしょうか。

新しい時代に入るとともに、人々は今まで見てきた現実がまるで悪夢であったかのように、正気を取り戻します。ですから、「このままではマズイ」と、多くの人が感じています。

そして一人ひとりタイミングこそ違っても、やがて自分の役割に気づいて、社会を進化の方向へ向かわせるために、それぞれの役割を果たし始めます。

私たちは、社会によって生かされているのではなく、地球が与えてくれる恩恵によって生かされています。そして、私たちが生かすべき社会を、再構築しなければなりません。

これからはすべての人が、科学を通して自然界から多くのことを学ぶようになるでしょう。

「生きるとは何か」逆に「死とは何か」

「どうすれば円満な人間関係をつくることが出来るか」

「どうすれば人々にとって有益な社会が出来るのか」

「一体何が自分にとっての幸福なのか」

これらについて自然界は明確な答えを示してくれるでしょう。

２０１９年春香るとき

Saarahat

1億3千万年前に地球にやってきた魂Saarahatが明かす

「この世《よ》」の歩《ある》き方《かた》

2019年 5月31日　初版発行

著　者……サアラ
発行者……大和謙二
発行所……株式会社大和出版
東京都文京区音羽1-26-11　〒112-0013
電話　営業部03-5978-8121／編集部03-5978-8131
http://www.daiwashuppan.com
印刷所……誠宏印刷株式会社
製本所……ナショナル製本協同組合
装幀者……後藤葉子（森デザイン室）

ISBN978-4-8047-6323-1